영적 전쟁에서의 승리의 길

*Tornadoes of Spiritual Warfare,
How to Recognize & Defend Yourself
From Negative Forces*

이영희 지음
Yong Hui V. McDonald

박연수, 이규민 옮김

『영적 전쟁에서의 승리의 길』
(*Tornadoes of Spiritual Warfare, How to Recognize & Defend Yourself From Negative Forces*)
지은이: 이영희
옮긴이: 박연수, 이규민
영어 초판발행 2000년 1월 1일
한국어 초판발행 2014년 4월 1일

© 2014 이영희 (Yong Hui V. McDonald
also known as Vescinda McDonald)

표지 디자인: 르넷 맥클레인 (Lynette McClain)
표지 그린이: 박영득 (Holly Weipz), 일러스트레이터
주 편집: 정요한 목사
편집: 김성숙, 박영득, 김승인 목사, 한명옥, 김옥순, 임문순
펴낸곳: 아도라 (Adora Productions)
ISBN: 978-1500195717
변화 프로젝트 교도소 문서 선교
(Transformation Project Prison Ministry)
5209 Montview Boulevard, Denver CO 80207
홈페이지: www.maximumsaints.org
　　　　　http//blog.daum.net/hanulmoon24
　　　　　www.griefpathway.com
　　　　　www.veteranstwofish.org
이메일: tppm.ministry@gmail.com
　　　　Yonghui.mcdonald@gmail.com
한국 연락처: 이본 목사, 변화 프로젝트 부장
　　　　　　하늘문교회
　　　　　　인천시 남동구 구월3동 1388-15
　　　　　　우편번호 405-840
Cell: 010-2210-2504, 교회전화: 070-8278-2504
이메일: leeborn777@hanmail.net

(본문의 성경구절은 대한성서공회의 개역개정판을 따랐습니다.)

(아도라는 스페인어로 Adora이고 영어로는 Adoration으로서 하나님을 깊은 사랑과 존경으로서 경배한다는 뜻으로 사용이 되었습니다. 아도라의 목적은 문서를 통하여 예수님의 사랑의 이야기를 땅 끝까지 전하여 사람들의 영적인 성장과 치유를 추진하는 것입니다.)

이 책을 당신께 바칩니다

나는 이 책을 하늘에 계신 아버지, 예수님, 성령님, 그리고 영적 전쟁에 대한 지도와 치유가 필요한 모든 이들에게 바칩니다.

감사의 글

이 책이 출판될 수 있도록 번역을 해주신 박연수와 이규민, 편집을 도와주신 정요한 목사님, 김성숙, 박영득, 한명옥, 김옥순, 임문순, 김승인 목사님과 아름다운 표지 그림과 일러스트레이션을 해주신 박영득, 그리고 나에게 믿음을 심어주시고 항상 기도하시며 격려를 해주시는 어머니께 진심으로 감사드립니다.

기적을 보여주시며 교도소 선교와 문서 선교의 문을 열어주신 하나님께 깊은 감사를 드립니다. 마지막으로 모든 영광을 예수님께 돌립니다. 그분이 아니셨다면 이 책은 쓰여지지 않았을 것입니다.

추천의 글

주 안에서 인사드립니다.
이영희 목사는 제가 사랑하고 존경하는 목사입니다. 외유내강형의 사역자로 남성들도 하기 어렵다는 교도소 사역을 위해 특별히 하나님께서 지명하여 부르신 목회자입니다. 신문사에 있다 보면 많은 목회자를 많이 만나게 되는데 이영회 목사님은 특히 영적인 은사가 많은 목사님이 틀림없습니다. 이 책은 이영회목사께서 13년 동안 교도소 사역을 하면서 선교현장에서 직접 몸으로 부딪히며 보고 느낀 점을 기록한 책입니다.

1부에서는 모든 제목마다 성경말씀을 가장 알맞은 말씀으로 독자로 하여금 이해하기 쉽고 알기 쉽고 충분히 알 수 있도록 했습니다. 막연한 제시만 아니라 그에 알맞는 구체적인 사건과 그에 알맞은 성경말씀으로 독자들에게 확신을 심어주고 믿음이 잘 자랄 수 있도록 배려한 책입니다.

2부에서는 나무는 열매를 보아 그 나무의 진가를 알 수 있다고 했는데 이영회목사와 상담했던 사람들의 구체적인 간증이 나와 있습니다. 이영회목사 선교사역의 결실을 보는 것이기에 감사가 절로 나옵니다.

3부에서는 선교현장의 이론은 물론 어떻게 하면 좋은 열매를 맺을 수 있는 방법까지 제시해 주고 있습니다. 그리고 영적 전쟁에서 승리하는 구체적인 방법을 제시해 주고 있습니다. 성경말씀만 나열해 놓은 것이 아니라 믿음이 자라나도록 기도문까지 알려주고 있습니다. 책에 나와 있는 상황과 내가 처한 상황을 비교 분석하여 독자로 하여금 영적 전쟁에서 승리할 수 있는 확신을 갖게 하는 책입니다.

이 책은 일반인은 물론 크리스천 리더들은 반드시 읽어야 할 책으로 적극 추천하며 이 책을 읽는 사람들이 새로운 모습으로 변화받아 하나님께 영광을 돌리시게 되기를 바랍니다.

정요한 목사
크리스천헤럴드 주필
Los Angeles, California

차례

바치는 글
감사의 글
추천의 글
서문

1장: 영적 전쟁 / 12

2장: 영적 세계는 실재한다 / 14

3장: 영적 전쟁에 관련된 질문들 / 17

    1. 질병이 악령으로부터 유발된 것인가?
    2. 어떻게 선한 영과 악한 영을 구별할 수 있는가?
    3. 우리의 죄악적 사고와 행동들은 어디서 오는 것인가?
    4. 우리는 왜 영적 세상과 영적 공격에 대해서 알 필요가 있는가?
    5. 누가 영적 공격으로부터 고통을 받는가?
    6. 왜 기독교인들이 영적 공격으로 고통당하는가?
    7. 당신은 사탄에게 영적 공격을 받았다가 자유를 얻은 사람을 만나본 적이 있는가?
    8. 성경의 어떤 부분이 영적 전쟁에 관해서 말씀하시는가?

4장: 영적 공격 / 24

    1. 악몽
    2. 숨막히게 하는 영
    3. 괴롭히는 영
    4. 고문의 영
    5. 찌르는 영
    6. 악한 음성
    7. 자살의 영
    8. 비난하는 영
    9. 집착의 영
    10. 기만의 영
    11. 두려움의 영
    12. 악령의 빛
    13. 질병의 영
    14. 혼란과 증오의 영
    15. 절망의 영
    16. 성경을 왜곡하는 영
    18. 파괴적인 영
    19. 모집의 영
    20. 떠돌아다니는 영

5장: 영적 전쟁의 이야기들 / 64

    1. "영적 투쟁과 승리" – 로드니 심슨 저
    2. "이상한 빛과 찌르는 사탄" – 어니 프레즈
    3. "귀신들린 집" – 트레버 맥카티
    4. "음성" – 축복받은 에녹
    5. "영적 통찰력" – 제임스 로저스
    6. "수치의 영" – 디에나
    7. "편집증" – 조지 메들리
    8. "천국의 비젼" – 리키 라마
    9. "천사와 마귀" – 모니카 발데즈

6장: 영적 전쟁에서 어떻게 승리하는가? / 89

    1. 당신 마음에 예수님을 초대하라.
    2. 기도하며 하나님께 도우심을 간구하라.
    3. 예수님의 이름으로 사탄을 꾸짖어 떠나게 하라.
    4. 성경읽기를 시작하라.
    5. 당신의 죄를 하나하나 회개하라.
    6. 당신이 성장할 수 있는 교회를 찾아라.
    7. 당신이 여전히 고통을 당한다고 해도 용기를 잃지 말라.
    8. 아픔과 고통으로부터 치유함을 받은 후에도 영적 전쟁은 끝난 것이 아니라는 것을 인지하라.
    9. 옳은 길을 계속해서 걸어라.
    10. 사탄의 일을 하는 사람들을 피하라.
    11. 다른 이들을 도울 수 있도록 당신의 간증을 나누라.
    12. 술과 마약을 피하라.

7장: 영적 치유함을 위한 기도와 묵상 / 103

    1. 악몽
    2. 괴롭히는 환상
    3. 상처를 주는 음성

부록
    예수님께로 초대 / 110
    변화 프로젝트 / 112
    하늘문선교회 / 113
    재향 군인회 재단 / 114
    저자 소개
    그린이 소개
    역자 소개

서문

나는 2003년에 미국 콜로라도주 아담스 카운티 교도소에서 사역을 시작한 후 영적 공격을 받는 많은 이들을 접하게 됐고, 그들을 상담해 왔다. 그들 중 상당수는 영적 전쟁이 무엇인지, 그리고 어떻게 대항해야 하는지를 몰랐기에 무력감에 방치된 상태되어 혼란스러워하고 두려움에 떨었다.

하나님을 진심으로 섬기려하는 사람들도 영적 전쟁에 대한 지식이 부족하면 사탄에게 공격을 당하고도 모르는 수가 많다. 우리가 영적인 자유를 얻고 성장을 하려면 영적 전쟁에 대한 지식이 필요하다. 이 책은 그런 영적 전쟁에 관한 지식을 얻기 원하는 사람들을 위한 것이다. 또한 영적 공격으로 인해 영향을 받았거나, 받고 있는 사람에게 어떻게 자유를 찾으며 승리하는 법을 배울 수 있도록 구성되었다. 이 책을 쓰도록 인도하신 하나님께 감사 드린다.

영적 전쟁에서의 승리의 길

1장
영적 전쟁

　우리 삶에 슬픔, 상실감, 아픔과 고통을 나는 영적 폭풍이라고 부른다. 영적 폭풍은 혼란, 절망, 좌절, 불신, 집착 그리고 때로는 영적인 전쟁으로 몰아내는 문을 열어주는 기회가 될 수 있다. 우리는 살면서 많은 폭풍들을 겪는데 이 책에서 언급하는 폭풍은 영적 전쟁이다. 영적 전쟁은 사탄과 악령들로부터 생기는 초자연적인 현상이기에 다른 폭풍들과는 다르다.
　우리 모두는 영적 폭풍을 겪을 수 있으나, 대부분의 많은 이들은 영적 폭풍이 영적 전쟁의 문을 열게 될 수 있다는 것을 모른다. 그러므로 영적 전쟁이 무엇인지 모르고 또한 그들 자신이 경험하기 전까지는 영적 전쟁에 놓여 있게 되어도 그것을 인식하지 못하는 경우가 부지기수다.
　나 자신도 사탄에게 공격을 받게 되었을 때 영적 전쟁에 대해서 무지했다. 사실 교회에서는 늘 영적인 세계에 대한 것과 나름대로의 영적 전쟁을 언급했지만, 내 자신이 영적 공격의 체험이 있기 전까지는 그것의 심각성과 또한 그런 공격에 대처할 자세는 전혀 되어 있지 않았다.
　성경말씀은 우리가 어떻게 영적 전쟁에서 이길 수 있는지를 말해 준다. 그러나 나는 성경을 읽지 않아서 영적 공격을 받았을 때 혼란했고 두려웠다. 그러한 어려운 시기에 나는 어머니께서 도와 주신 것에 대해 더할 수 없이 감사하게 생각한다. 영적 전쟁에서 승리하는데는 믿음과 인내가 필요했다. 나의 어머니의 지극한 기도가 있었지만, 나 자신이 예수님을 믿고 전적으로 의탁하는 가운데 강해져야만 했다. 영적 전쟁의 나날 동안은 고통과 아픔 속에서 지냈으나 결국은 하나님의 도우심으로 그 고통에서 자유로워질 수 있었다.

영적 전쟁을 치루면서 경험한 것들로 예수님에 대한 믿음이 확고해 졌다. 그분만이 마귀의 공격으로 인한 고통과 아픔들로부터 나를 해방시키실 수 있음을 알게 되었기 때문이다.

사탄의 세력에서 벗어나기 위해서는 하나님의 도움을 청해야 한다. 그분께로 돌아갈 때 우리의 믿음은 성장할 것이며, 우리를 적들로부터 구하시는 살아계신 그분의 능력과 역사 하심을 체험할 수 있다.

"주의 성령이 내게 임하셨으니 이는 가난한 자에게 복음을 전하게 하시려고 내게 기름을 부으시고 나를 보내사 포로 된 자에게 자유를, 눈 먼 자에게 다시 보게 함을 전파하며 눌린 자를 자유롭게 하고 주의 은혜의 해를 전파하게 하려 하심이라" (누가복음 4:18~19).

예수님은 성령님의 힘으로서 우리를 영적인 눌림과 결박에서 자유롭게 하실 수 있다.

2장
영적 세계는 실재한다

우리는 눈에 보이는 육적인 세계 뿐만아니라 동시에 영적인 세계에 살고 있다. 어떤 이들은 영적존재를 보기도 하고 느끼며 또 듣는 경우도 있다. 영적세계는 두 구역으로 나눠져 있다. 하나는 우리에게 평안과 기쁨을 가져다 주는 하나님의 빛의 왕국이다. 다른 하나는 우리의 평안을 빼앗고 혼란과 아픔으로 내몰아대는 사탄의 흑암 세계이다. 바울의 사명은 사람들을 흑암의 세계로부터 빼어내서 빛의 세계로 이끄는 것이었다.

"그 눈을 뜨게 하여 어둠에서 빛으로 사탄의 권세에서 하나님께로 돌아오게 하고 죄 사함과 나를 믿어 거룩하게 된 무리 가운데서 기업을 얻게 하리라 하더이다" (사도행전 26:18). 예수님을 믿는 사람들은 바울과 같이 영적인 어두움에 있는 사람들을 하나님의 빛의 왕국으로 인도하는 사명을 받을 사람들이다.

1. 하나님의 왕국과 천사들

하나님의 왕국에서 예수님은 왕이시며 주님이시다. 예수님은 모든 것을 통치하신다. 요한은 예수님의 형상을 보았다. "그 옷과 그 다리에 이름을 쓴 것이 있으니 만왕의 왕이요 만주의 주라 하였더라" (요한계시록 19:16).

예수님은 우리의 죄를 대신하여 십자가에서 희생당하

심으로 우리에게 용서와 구원에 이르는 길을 열어 주셨고 우리에게 평안과 기쁨의 주기기 원하신다. 하나님은 성령을 예수님을 믿는 사람들에게 주셔서 경건한 삶을 살게 도와 주시며 주님의 나라를 위해서 일하도록 부르신다.

천사들은 선한 영으로서 하나님을 섬기는 것뿐만아니라 영적 전쟁에서 투쟁하는 이들을 돕도록 하셨다. 예수님은 제자들에게 악한 영들을 제어할 수 있는 권한을 주셨다. "예수께서 열두 제자를 불러 모으사 모든 귀신을 제어하며 병을 고치는 능력과 권위를 주시고"(누가복음 9:1).

예수님을 믿는 이들은 영적 전쟁에서 싸워 승리할 수 있는 많은 무기들을 가지고 있다. 무엇보다도 하나님의 권위 있는 말씀, 우리를 보호하고 지켜주는 천사들, 성령님의 능력과 인도하심, 우리 자신의 기도, 성도들간의 교통 그리고 의로운 삶 등 그 밖의 선행, 봉사, 자선의 모든 좋은 것들은 우리에게 있어서 강력한 무기들이 된다.

성령님은 또한 우리에게 환상과 꿈을 통해서 하나님의 마음을 이해하게 해 주신다. 그래서 우리가 주님을 사랑하고 섬기며 기쁘게 사는 삶을 살도록 도와주신다. 우리는 성령님께 순종할 때 평안하고, 기쁨에 가득차며 충만한 삶을 살게된다.

2. 사탄과 악한 영들

사탄과 악령들은 우리를 부정적이고 파괴적인 생각, 음성, 악몽, 환상을 통해서 괴롭히려고 한다. 그것들은 우리가 깨어 있든지 잠들어 있든지 감정적, 육체적으로 공격할 수 있다. 이런 악령들은 사람들에게 고통을 주고, 우리를 하나님으로부터 멀어지도록 하려고 한다.

하나님을 멀리하는 삶은 악령들이 우리들을 공격할 수

있는 문을 열어준다. 당신은 예수님께서 주시는 평안과 기쁨을 가지고 있는가? 만약 그렇지 않다면 아마도 당신은 영적 전쟁에 직면해 있는 지도 모른다.

예수님은 "평안을 너희에게 끼치노니 곧 나의 평안을 너희에게 주노라 내가 너희에게 주는 것은 세상이 주는 것과 같지 아니하니라 너희는 마음에 근심하지도 말고 두려워하지도 말라" (요한복음 14:27)고 말씀하셨다.

만약 당신이 이러한 평안을 가지지 못했다면 왜 평안을 가지지 못했는지를 알아낼 필요가 있다. 예수님은 사탄으로 부터의 영적 억압과 고통, 아픔으로부터 당신을 자유롭게 하실 수 있다. 그럴 때 당신은 평안과 기쁨을 누릴수 있는 것이다.

욥기 1:21~22 말씀을 읽어보라. 사탄이 하나님에게 욥에게 어려움을 주면 믿음을 저버릴 것이라고 말한다. 그러나 욥은 어려움이 왔어도 믿음을 지켰다. 영적인 싸움에서 이기려면 어떤 환경에서도 하나님을 찬양하는 믿음과 용기가 필요하다.

3장
영적 전쟁에 관련된 질문들

1. 질병이 악령으로부터 유발된 것인가?

대개의 병은 자연적인 현상의 일부이다. 보통의 병들은 유전적, 노화, 혹은 사고로 인한 것, 질병, 영양부족, 운동부족 등 다른 많은 것들에 의한 것일 수 있다. 그러나 영적인 공격에 의해서도 감정적, 신체적, 정신적 아픔이 유발될 수 있다.

예수님은 사람들에게서 악령을 내쫓아 내심으로써 그들의 질병이 치유되는 것을 우리에게 보여 주신다. 그렇지만 예수님도 모든 질병의 원인을 악령의 공격으로만 취급하시지는 않으셨다. 그러므로 우리가 겪는 어려움과 아픔들을 모두 악령들의 소행이라고 생각해서는 안된다.

몸에 이상이 생겼을 때에는 무엇보다도 그 질병의 원인을 파악하는 것이 중요하다. 만약 질병이 마귀에 의해 유발된 것이라면 마귀를 쫓아내어 그 질병을 치유할 수 있을 것이고, 단순히 육신적인 문제라면 의사의 도움을 받아야 한다. 근본적인 치유는 하나님으로만 가능하기에 기도로서 치유를 간구해야 한다.

2. 어떻게 선한 영과 악한 영을 구별할 수 있는가?

당신이 영적인 공격을 받을 때, 당신 마음에 떠오르는 생각과 환상, 꿈들이 어디에서 오는가를 생각해보고 주님께 영적 분별력을 간구하라. 만약 그것이 악령의 짓이라면, 당신이 주님을 따르고 사랑하려는 것으로부터 분리시키려고 할 것이다. 그리고 당신을 혼란, 아픔, 혼돈 속으로 몰아댐으로써 파괴적 행동으로까지 유도할 수 있다.

야고보서는 우리에게 어떤 것이 주님으로부터 나온 것인지, 어떤 것이 사탄으로부터 나온 것인 지에 대한 통찰력을 준다. "너희 중에 지혜와 총명이 있는 자가 누구냐 그는 선행으로 말미암아 지혜의 온유함으로 그 행함을 보일지니라 그러나 너희 마음 속에 독한 시기와 다툼이 있으면 자랑하지 말라 진리를 거슬러 거짓말하지 말라 이러한 지혜는 위로부터 내려온 것이 아니요 땅 위의 것이요 정욕의 것이요 귀신의 것이니. 시기와 다툼이 있는 곳에는 혼란과 모든 악한 일이 있음이라 오직 위로부터 나는 지혜는 첫째 성결하고 다음에 화평하고 관용하고 양순하며 긍휼과 선한 열매가 가득하고 편견과 거짓이 없나니 화평하게 하는 자들은 화평으로 심어 의의 열매를 거두느니라" (야고보서 3:13~18).

3. 우리의 죄악적 사고와 행동들은 어디에서 오는 것인가?

모든 나쁜 생각과 행동들이 반드시 사탄으로부터 나오는 것만은 아니다. 우리에게는 죄악적 본성이 있고 또 우리는 하나님의 형상으로 창조되었기에 선한 본성도 지니고 있는 것이다. 우리는 삶에서 끊임없이 선과 악의 선택을 하며 살아간다. 죄악에 빠진 어떤 이들은 사탄을 원망한다. 사탄이 우리를 유혹할 수는 있어도 선택은 결국 우리에게 달려있기에 책임은 우리에게 있다.

바울은 죄악적 본성과 성령님이 하시는 일에 대해서 말한다. "육체의 일은 분명하니 곧 음행과 더러운 것과 호

색과 우상 숭배와 주술과 원수맺는 것과 분쟁과 시기와 분냄과 당 짓는 것과 분열함과 이단과 투기와 술 취함과 방탕함과 또 그와 같은 것들이라 전에 너희에게 경계한 것 같이 경계하노니 이런 일을 하는 자들은 하나님의 나라를 유업으로 받지 못할 것이요 오직 성령의 열매는 사랑과 희락과 화평과 오래 참음과 자비와 양선과 충성과 온유와 절제니 이 같은 것을 금지할 법이 없느니라 그리스도 예수의 사람들은 육체와 함께 그 정욕과 탐심을 십자가에 못 박았느니라 만일 우리가 성령으로 살면 또한 성령으로 행할지니 헛된 영광을 구하여 서로 노엽게 하거나 서로 투기하지 말지니라" (갈라디아서 5:19~26).

4. 우리는 왜 영적 세상과 영적 공격에 대해서 알 필요가 있는가?

사탄이 우리를 어떻게 속이고 공격하는 지를 아는 영적 지식이 부족할 때, 사탄의 공격에 무력할 수 밖에 없다. 그렇게되면 평안과 기쁨이 아닌 근심, 걱정, 불안, 초조함의 고통과 아픔에 놓이게 된다.

예수님께서 모든 것으로부터 우리를 자유롭게 해 주실 수 있다는 것을 믿고 마귀들을 쫓을 때, 우리는 고통과 혼동에서 자유를 얻을 것이다.

"그는 허물과 죄로 죽었던 너희를 살리셨도다 그 때에 너희는 그 가운데서 행하여 이 세상 풍조를 따르고 공중의 권세 잡은 자를 따랐으니 곧 지금 불순종의 아들들 가운데서 역사하는 영이라. 전에는 우리도 다 그 가운데서 우리 육체의 욕심을 따라 지내며 육체와 마음의 원하는 것을 하여 다른 이들과 같이 본질상 진노의 자녀이었더니 긍휼이 풍성하신 하나님이 우리를 사랑하신 그 큰 사랑을 인하여 허물로 죽은 우리를 그리스도와 함께 살리셨고 또 함께 일으키사 그리스도 예수 안에서 함께 하늘에 앉히시니" (에베소서 2:1~6).

5. 누가 영적 공격으로부터 고통을 받는가?

누구든지 영적인 공격으로 인한 고통을 받을 수 있다. 하지만 아래 유형의 사람들이 사탄의 영에 의한 공격을 더 쉽게 받는 경향이 있다.

- 상처를 받은 사람, 혹은 다른 이로부터 육체적, 정서적, 성적 학대를 당했거나 본 사람
- 고통을 당하거나, 전쟁 혹은 죽음과 같은 참혹한 일을 목격한 사람
- 술, 마약 등 심신을 망가뜨리는 중독에 빠진 사람
- 사탄숭배나 신비주의에 연관된 사람
- 죄악적 사고와 행동에 젖어 회개하지 않는 사람

사람들이 위기의 상황에 처하거나 어떤 사고로 고통과 아픔을 겪을 때, 사탄은 그들에게 "하나님은 상관하지 않으셔" 혹은 "하나님은 사람들을 돕지 않으셔. 그러니까 하나님이야말로 아픔의 원천이야" 등의 거짓말을 하여 원망의 씨를 뿌리려고 한다. 만약 사람들이 그런 거짓말을 받아 들이게 된다면 그들은 주님으로부터 멀어져서 죄를 짓고 마음의 문을 사탄에게 열어주게 된다.

삶은 고난과 아픔의 도전이다. 삶에서의 문제들은 하나님께 굳게 의지하면 믿음이 성장하게 된다. 만약 우리가 영적 공격을 당하고 있다면, 하나님께 도우심을 구함으로 치유를 받을 수 있다. 우리를 향한 그분의 사랑은 우리를 완전히 원상회복 시키실 수 있다. 더불어 우리를 위로해주시고, 또 영적 공격으로부터 승리할 수 있는 격려와 힘을 주신다.

6. 왜 기독교인들이 영적 공격으로 고통을 당하는가?

예수님을 믿지 않는 사람들은 사탄의 세계에는 위협이 되지 않는다. 예수님을 믿는 사람들은 마귀의 일을 파괴시킬 수 있는 하나님의 자녀이다. 주님을 영접하고 나아가 그 분께 순종하는 사람들이 하나님의 왕국에 이바지하게 될 영향력을 아는 사탄에게는 그것이 최대 위협이 된다. 그러므로 사탄의 최대 목적은 사람들이 주님을 따르는 것을 방해하려고 한다.

우리 안에 성령님께서 함께 하시고 믿음안에 굳건히 서면 사탄의 공격들을 인지할 수 있다. 그것이 성령님이 주시는 영적 분별력이라는 은사다.

"어떤 사람에게는 능력 행함을, 어떤 사람에게는 예언함을, 어떤 사람에게는 영들 분별함을, 다른 사람에게는 각종 방언 말함을, 어떤 사람에게는 방언들 통역함을 주시나니" (고린도전서 12:10).

7. 당신은 사탄에게 영적 공격을 받았다가 자유를 얻은 사람을 만나본 적이 있는가?

나는 사역을 통해서 많은 사람들이 하나님의 능력으로 사탄의 공격에서 벗어나 평안과 치유를 받은 것을 보았다. 그 한 예가 릭키이다. 그의 7살 된 딸은 납치되어 성폭행을 당하고 살해되었다. 그는 딸아이의 처참한 시신을 보았고, 밤에는 악몽과 낮에는 딸에 대한 환영에 시달렸다. 딸의 환영은 자신을 보호해 줄 아빠가 필요한 때에 그 곳에 없었다면서 그를 비난했다.

어느날 그와 상담할 때, 그는 나에게 딸아이의 환영과 그녀가 한 말들을 나에게 털어 놓았다.

"그녀를 지금 볼 수 있나요?"

그는 내 오른쪽을 가르쳤다. "그녀가 저기에 있어요."

"그건 당신 딸이 아니에요. 그건 당신 딸처럼 가장한 악령이에요. 당신의 딸은 주님과 함께 있어요. 만약 그것이 진실로 당신 딸의 영이라면, 당신을 사랑하기 때문에 고통을 주는 어떤 말도 하지 않을 거에요."

릭키는 딸이 그를 사랑했었기에 그런 말들을 절대 하지 않을 것이란 것에 수긍했다. 얼마 지나지 않아 그는 천국에 있는 딸이 아빠에게 울지 말라는 비전을 보았다.

딸에 대한 이 천국의 비전은 릭키에게 놀라운 자유와 치유함이 되었다. 그 후부터 그는 어떤 악한 환상이나 비난하는 음성이나 악몽을 겪지 않게 되었다. 주님은 그의 상처받은 마음을 완전히 치유하셔서 그의 환한 웃는 모습을 보았다.

나는 릭키처럼 어려움을 겪는 이를 지금까지 본 적이 없었으나 주님은 치유해 주셨고 그는 기쁨으로 충만해졌다. 릭키의 이야기는 나에게 큰 용기가 되어 다른 사람들도 그와 같이 하나님의 능력으로 치유를 받을 수 있다는 확신이 생겼다.

8. 성경의 어떤 부분이 영적 전쟁에 관해서 말씀하시는가?

사도 바울은 우리에게 영적 전쟁에 어떻게 싸워야 하는 것에 대한 명확한 방향을 제시하고 있다.

"끝으로 너희가 주 안에서와 그 힘의 능력으로 강건하여지고 마귀의 간계를 능히 대적하기 위하여 하나님의 전신갑주를 입으라 우리의 씨름은 혈과 육을 상대하는 것이 아니요 통치자들과 권세들과 이 어둠의 세상 주관자들과 하늘에 있는 악의 영들을 상대함이라 그러므로 하나님의 전신 갑주를 취하라 이는 악한 날에 너희가 능히 대적하고 모든 일을 행한 후에 서기 위함이라 그런즉 서서 진리로 너희 허리띠를 띠고 의의 호심경을 붙이고 평안의 복음이 준비한 것으로 신을 신고 모든 것 위에 믿음의 방패를 가지고 이로써 능히 악한 자의 모든 불화살을 소멸하고 구원의 투구와 성령의 검 곧 하나님의 말씀을 가지라"(에베소서 6:10~17).

성령의 전신갑주중 어느 한 부분이라도 소홀히 하지말라. 그러지 않으면 우리는 악령들의 공격을 받게 된다. 우리는 끊임없이 기도하고, 성경을 읽고, 모든 영광을 주님께 돌리고, 죄를 떠나서 그분을 기쁘시게 하는 삶을 살도록 노력해야 한다. 그럴 때 사탄에게 공격할 틈을 주지않게 되고 만약 공격을 해도 우리가 주님의 능력과 지혜의 말씀으로 물리칠 수 있다.

4장
영적 공격

나의 개인적인 체험과 상담과 성경에서 배운 영적 공격의 예를 아래에 열거한다. 여기에 기능별로 구별되었으나, 그것들은 모두 사탄과 같이 일하는 악한 영들의 공격이다. 어떻게 악령들이 사람들에게 영향을 끼치며 고통을 유발하는지, 그리고 어떻게 각각의 개인들이 예수님의 능력으로 자유로워지는지를 살펴보라.

1. 악몽

사람들은 악몽이 우연히 일어날 수 있는 일이라고 생각할 지도 모른다. 많은 경우 악몽은 사람들이 잠자는 동안 정신적, 정서적, 심지어 육체적으로까지 그들을 괴롭히는 악령들의 공격이다. 악몽으로 고통당하는 많은 이들이 육체적인 공격 또한 경험한다. 악령들은 사람들을 붙잡고, 찌르고, 질식시키려 하고, 때리는 등의 많은 육체적 고통을 가하면서 공격할 수 있다.

내가 악몽을 꾸었을 때 하나님께 울부짖었고 예수의 이름으로 마귀들을 쫓았다. 악령이 내목을 조이는데 그 힘이 너무나 강력해서 그것에서 벗어나는 데에 많은 시간이 걸렸다. 악몽의 밤이 계속되자 잠드는 것이 두려웠다. 사탄을 저지하는 방법은 예수님의 이름으로 해야함을 알았지만 나는 영적으로 약해서 이기기가 힘들었다. 계속 성경을 읽고 기도하면서 믿음이 성장하고 영적으로 강해진후 더 이상 악몽에 시달리지 않게 되었다. 하나님께 가까이 가는 삶은 사탄의 공격에서 해방되는 길이었다. 나를 괴롭히는 악령들로부터 자유롭게 해주신 하나님께 감사드린다.

모든 꿈들이 마귀에게서만 오는 것은 아니다. 하나님도 꿈을 통해서 우리에게 말씀하실 때가 있다. "기브온에서 밤에 여호와께서 솔로몬의 꿈에 나타나시니라 하나님이 이르시되 내가 네게 무엇을 줄꼬 너는 구하라"(열왕기상 3:5). 하나님께서 주시는 꿈은 우리에게 고통과 아픔을 주지 않고 영적 메시지가 있고 성령님의 역사하심이다.

2. 숨막히게 하는 영

어느날 예배를 인도하는 나에게 주님은 영적 전쟁에 관한 설교를 하라고 말씀하셨다. 예배 후 쟌이란 남자가 나에게 와서 말했다.

"목사님이 오늘 하신 말씀은 저를 위한 내용이었어요. 나는 전에 사탄을 숭배하는 사람이었는데 지금은 크리스천이 되었어요. 전에 잘못한 일에 대해 하나님께 용서를 빌었어요. 하지만 사탄은 하나님이 나 같이 나쁜 사람을 용서하실 리가 없다고 계속해서 말해서 힘들었어요."

"그것이 바로 사탄이 하나님께 가까이 가지 못하게 하려는 전략이지요. 많은 이들이 예수님을 영접하고 회개한 후에도 그들을 비난하는 악령의 음성에 고통을 당해요. 당신은 성경말씀으로 그것에 맞서야만 해요."

우리가 대화하는 동안 나는 사탄이 나를 공격함을 느꼈다. 마치 누군가가 나를 억압하려고 하는 것 같았다. 이 남자를 공격한 사탄이 우리의 대화를 방해하고 있다는 것을 알았다. "기도합시다. 제가 당신을 위해서 기도를 해야 겠어요." 기도를 시작하자 나는 기침과 함께 숨이 막히기 시작해서 기도를 멈추었다.

"사탄이 당신의 목을 조르고 있어요. 그래서 당신이 나를 위해서 기도를 할 수 없는 거에요. 가끔 사탄이 내 목을 조르려고 하면 몇일이고 숨이 막히곤 했어요. 예전에는 내가 사탄을 위해서 일했지만 지금은 하나님을 따르려하기 때문에 사탄이 화가 나서 하나님의 일을 못하게 방해하려고 있다는 것을 알고 있어요."

"계속해서 성경을 읽고 기도하세요. 그래야 당신은 사탄으로 부터 완전히 자유롭게 될 거에요." 다시 그를 위해서 기도했고, 이번에는 기도를 끝낼 수 있었다.

또 한번은 내가 캔이라는 재소자를 만났는데, 그는 자신이 천사이며 때로는 자기가 예수님이라고 말하는 사람이었다. 그에게 사탄이 주는 미혹의 음성을 듣고 잘못 이해한 것이라고 말했으나 그는 계속 자기가 예수님이라고 주장했다. 그에게 영적인 분별력이 없었기에 사탄이 그를 기만한 것을 모르고 있었다. 바울은 이런 영적인 기만에 대해서 경고했다.

"그러나 성령이 밝히 말씀하시기를 후일에 어떤 사람들이 믿음에서 떠나 미혹하는 영과 귀신의 가르침을 따르리라 하셨으니" (디모데전서 4:1).

어느 날 자원봉사자인 빌이 교도소에 왔을 때, 그에게 캔을 만나러 같이 가자고 제안했다. 캔을 보러 갔을 때, 그가 사탄에 의해서 고통받고 있음을 알 수 있었다.

"우리가 당신을 위해서 기도하기를 원하세요?" 나는 그에게 물었다.

"네, 기도해 주세요."

"우리가 무엇을 위해서 기도를 해 줄까요?"

나는 빌에게 캔을 위해서 기도할 것을 요청했다. 빌이

기도를 시작하자 마자 악한 영이 그의 목을 조이고 숨막히게 공격을 하기 시작했다. 빌은 기도 한마디 한마디를 할 때마다 힘들게 싸우면서 기도를 마쳤다.

"사탄의 공격을 받았군요?"라고 나는 그곳을 떠나면서 빌에게 말했다.

"그래요. 이런 경험을 해 본 것은 처음이에요. 사탄이 캔을 위해서 기도를 못하게 하려는 것을 알 수 있었어요."

나는 "그 사람에게 역사하는 마귀가 강한 마귀라 우리가 그를 위해서 하나님께 도움을 구하는 기도를 방해하려고 하는 거예요"라고 말했다.

3. 괴롭히는 영

밥은 악령과 소통하기 시작한 후에 처음에는 재미있게 생각했는데 얼마 지나지 않아서 어디를 공격할 것까지 말하면서 몸에 공격을 해대므로 그는 두려움과 고통속에서 살고 있었다. 그 악령은 밥의 몸에 착 달라붙어 자신이 밥으로부터 절대 떨어져 나가지 않을 것이라고 계속해서 말했다고 한다.

나는 그에게 그 악령들의 말은 거짓말이라고 했다. 밥이 믿음이 있었으므로 예수님의 이름으로 그 영을 쫓아낼 수 있다고 말했다. 그러나 밥은 자기를 괴롭히는 것이 악령이라고 생각하지 않고 계속 사탄과 소통하고 있었던 것이다. 그의 상태가 점점 나빠지면서, 그는 더욱 고통으로 겁에 질리게 되었다. "나는 주님을 섬길 때에는 평안을 가졌어요. 하지만 지금은 고통속에서 살고 있어요."

"당신이 자유를 얻을 수 있는 길은 주님께 돌아와 악령들과 교제하고 받아 들인 것에 대한 용서를 구하고, 예수님의 이름으로 사탄을 물리쳐야 합니다"하고 나는 그에게 말했다.

그는 마침내 주님께 도움을 구하기로 결심했다. 자신의 힘으로는 도저히 악령을 물리 칠 수가 없다는 것을 깨달은 것이다.

4. 고문의 영

한 남자가 예배에 참석해서 다른 그룹 인원들과 자신의 이야기를 나누었다. "나는 사람들을 구타해 왔어요. 사람들을 죽이고, 상처입히고, 고문하고 그들의 팔을 부러뜨렸어요. 그 당시에 그런 것들에 전혀 죄책감을 느끼지 않았어요. 그렇게 몇년을 살다가 하나님께 돌아와서 크리스천이 되었어요. 지금은 내가 저지른 일들이 잘못된 것이라는 것을 알았기에 그러한 일들에 대해서 죄책감을 느끼고 용서를 구했어요. 어느 날 제가 기도를 할 때, 내 옆에 있는 사탄의 모습을 보았어요. 그는 나에게로부터 도망치고 있었죠. 그건 정말 저를 무섭게 만들었어요. 왜냐하면 그 전까지는 사탄이 저와 함께 있었다는 것을 깨닫지 못했던 것이죠. 지금 전 하나님을 믿습니다. 영적 세계는 실제하고, 나는 하나님이 필요해요."

만약 당신이 자신과 다른 사람들에게 고통을 주는 것에 즐거움을 느낀다면, 고문의 악령의 음성을 따르고 있을 가능성이 있다. 하나님은 우리에게 서로 사랑하라고 하셨다. 그 분은 우리 모두를 사랑하시기 때문이다. 우리는 자신을 사랑하는 것처럼 자신과 다른 사람도 사랑하고 돌보야한다. 우리 몸은 우리의 것이 아니라 성령님의 성전이다 (고린도전서 3:16, 6:19). 우리 몸은 하나님의 것이기에 우리는 우리의 몸을 돌보아야 한다. 다른 사람들의 몸 또한 하나님의 것이다.

만약 당신이 자신이나 타인에게 상처를 주었다면 하나님께 용서를 구하고, 고문의 영으로부터 당신을 해방시켜 달라고 구하라. 주님께 사탄의 속임수를 깨닫고 그에게 저항할 수 있는 힘과 용기를 달라고 간구하라.

5. 찌르는 영

고통을 주는 영에 시달리는 사람들과 이야기를 나눌 때면, 악령이 내 머리를 찌르며 공격하는 것을 느낄 때가 있다. 그것은 누군가가 작은 바늘로 내 머리를 찌르거나 압박을 가하는 느낌이다. 처음에 그것이 무엇인지 알지 못했으나, 결국 그것이 사탄의 공격임을 알게 되었다. 내가 예수님의 이름으로 사탄을 꾸짖었을 때, 머리를 찌르던 것과 압박은 없어졌다.

만약 예배 참석자들 중 누군가가 찌르는 악령의 공격을 받고 있다면, 예배를 인도하는 나에게도 그 사탄이 공격하는 것을 느낄 수 있었다. 그런 일이 있을 때면, 곧 기도로서 그들의 자유함을 구했다. 아주 강한 마귀가 공격하고 있다는 것을 느끼면 그들에게 손을 자신의 머리에 얹으라고하고 기도를 인도한다. 주 예수님께 성령으로 그들을 축복하사 자유와 치유함을 주시라고 간구했다. 또 예수님이 영적인 고통과 압박으로부터 우리를 자유롭게 할 수 있다는 것을 사람들에게 상기시키기 위해서 누가복음 4장18~19절 말씀을 기도중에 읽어 준다. 보통은 기도하는 중에 그 공격은 사라진다. 악한 영들이 떠난 것이다.

나는 나의 어머니와 사탄에 의해 고통받는 사람들에 관한 이야기를 나누곤 했었다. 우리는 찌르는 영이 우리의 머리를 공격하는 것을 안다. 이것은 육체적 공격이다. 그런 일이 있을 때, 그 어떤이가 사탄에 의한 고통을 당하는 것이라는 것을 우리는 알았던 것이다. 내 손을 내 머리에 얹어 예수님의 이름으로 사탄에게 떠나라고 꾸짖었을 때, 머리를 찌르는 아픔이 없어졌다.

어느 날 나의 인턴과 함께 한 남자와 대화를 나누고 있었을 때, 악령이 내 머리를 공격을 하는 것을 느꼈다. 나의 인턴도 공격을 느꼈다고 말했다. 그 방을 떠난 후에도 인턴은 누가 달라붙은 것 같다고 하며 사탄에게 예수님의 이름으로 떠나라고 꾸짖었고, 그는 자유함을 얻을 수 있었다.

내가 프레즈씨를 만났을 때, 주님은 나에게 영적 공격으로부터 고통당하는 사람들을 위해서 영적 전쟁에 관한 책을 쓰라고 말씀하셨다. 이 책을 준비하기 위해서 프레즈에게 영적 전쟁에 관한 간증문을 써 줄 수 있는냐고 물었고, 그는 글을 쓰기 시작했다. 그런데 프레즈가 갑자기 자신의 오른손을 움켜지었다

"오, 팔이 아파요! 그 어느 때보다 더 심하게 아파요. 내가 사탄에 관한 것과 그들이 한 짓에 대해서 쓰는 것에 화가 나서 나를 공격하네요."

"계속 간증을 하세요. 사탄은 사람들에게 고통을 주려고 그들의 전략과 방법이 알려지는 것을 원하지 않는 것이에요. 당신의 이야기는 사람들이 영적 전쟁에서 승리하는 것을 도울 거에요."

며칠 후에 그를 만났을 때, 그는 다시 내 앞에서 간증문을 쓰기 시작했다. 그는 나에게 "목사님이 말해 준 것이 맞아요. 내가 힘든 시간을 보낼 때마다 하나님께 기도했고, 사탄은 나를 덜 공격했어요"라고 말했다. 그가 그 말을 하자마자, 자기의 오른손을 움켜쥐며 말했다.

"아파요. 사탄이 내가 하나님이 우리를 어떻게 도우시고 계시다는 것을 말하니까 공격하네요. 긴 바늘로 내 팔을 찔렀어요."

몇분 후에 나역시 긴 바늘이 내 오른팔 몇 곳을 찌르는 듯한 느낌을 받았다. 전에는 그런 통증을 느껴본 적이 없었다. 프레즈씨를 공격한 찌르고 고통을 주는 영이 나를

공격하고 있다는 것을 깨닫게 되었다.

나는 어린 시절에 고통을 주는 악령들이 나를 자주 공격했었기에 정신적, 육체적으로 소진이 되어 있었다. 나는 가끔 사람들과 같이 일하는 마귀의 흉악한 얼굴을 볼 수 있었다. 이런 악령들이 공격할 때면, 육체적으로도 누가 나를 때리는 것같이 느껴졌다. 그것을 이길 수 있는 나의 무기는 하나님에 대한 믿음, 성경 읽기, 기도, 그리고 예수님의 이름으로 사탄을 쫓아내는 것이었다. 나는 영적으로 약했기에 오랫동안 공격을 받았으나 믿음이 자라면서 이러한 악령들의 공격으로부터 자유함을 얻었다. 나의 힘으로는 할 수 없었다. 예수님을 의지하면서 영적으로 강해졌고 악령들을 두려워하지 않게 되었다.

프레즈씨도 믿음이 성장하면서 끝내는 악령들이 공격을 하지 않는다고 말했다.

6. 악한 음성

우리의 마음은 영적인 전쟁터이다. 주님은 우리의 마음에 말씀하실 수 있다. 그리고 사탄도 그렇게 할 수 있다. 사탄이 이용하는 한가지 방법은 우리의 마음과 생각을 통해서 하는 것이다. 사실 이것이 가장 일반적인 사탄의 소통방식이나 많은 이들이 이것을 깨닫지 못하고 있다.

우리는 주님의 말씀과 사탄의 음성을 구별할 수 있는 분별력이 필요하다. 이것과 싸우기 위해서는 하나님의 말씀을 통해 우리에게 오는 지혜가 필요하다. 또한 주님의 말씀으로 인해서 변화된 마음과 올바른 삶을 살도록 최선을 다할 필요가 있다.

악한 영은 당신에게 아픔을 주기 위해 다른 사람들의 음성으로 가장할 수 있다. 나는 깨어 있을 때나 꿈속에서도 또 마음을 통해서도 악령의 음성을 들었다. 실망감을 갖는다는 것은 상처를 받았을 경우도 있지만 우리가 사람을 의지 했을 때도 그럴 수 있다. 용서를 하지 않을 때 우리는 사탄에게 무기력한 사람이 된다. 사탄은 그 사람에 대한 나의 아픔과 분노와 미움을 증폭시켜서 마침내 괴로움의 구덩이로 빠져 들어가게 꾀한다. 우리가 성경말씀을 열심히 읽고 무장할 수록 영적 전쟁에서 승리할 수 있다는 것을 알게 된다.

7. 자살의 영

사탄은 자살충동을 자극하여 당신이 자살하도록 유도하기도 한다. 약 15년 전, 나는 어려운 시간을 보내고 있었으며 극한 스트레스를 받고 있었다.

어느 날 내가 운전을 하고 있을 때, 마음속에서 다른 차를 들이받아 자살하라는 음성을 들었다. 나는 자살을 생각해 본 적이 한번도 없었다. 나는 그 생각과 충동질이 어디에서 오는지 바로 눈치챘다. 그것은 나 자신을 파괴하고, 다른 사람에게 상처를 주는 자살과 살인의 악령의 제안이었다. 그런 종류의 이기심과 짧은 생각은 사탄이 사람들을 상처입히도록 장려하는 방법 중의 하나이다. 나는 예수님의 이름으로 사탄에게 물러가라고 꾸짖었다.

쟌이라는 사람은 부도덕한 삶을 살았고, 결국 수감되었다. 사탄은 그에게 하나님은 그를 용서하실 수 없으니 자살해야 한다고 속삭이며 괴롭혔다. 너무나 고통스러운 나머지 그런 고통을 견디느니 차라리 죽는 것이 낫겠다고 말했다.

나는 그에게 사탄의 괴롭힘으로부터 풀려나기 위해서는 하나님께 돌아와서 용서를 구해야 한다고 말했다. 그러나 그는 주님께 의지하는 것을 거부했다. 그에게 밀착

되어 있는 영이 너무 강력해서 자신의 사고를 통제하는 것에 어려움을 겪고 있었다.

내가 그를 마지막으로 보았을 때, 그는 여전히 자살하려는 마음을 가지고 있었다. 그에게 다시 한 번, 하나님은 그를 용서하실 수 있으며, 주님을 위한 삶을 살려고 노력하라고 했으나 그는 그것을 받아들이지 않았다. 나는 그를 위해 슬퍼하며 눈물로 기도했다. 만약 어떤사람이 심한 상처를 입어 자살하는 것만이 그 고통을 끝낼 수 있는 방법이라고 믿을 때, 우리는 그들을 위해서 주님에 대한 믿음의 부족을 용서해달라고 회개하며 간구할 필요가 있다고 생각한다.

또 다른 사람은 몇번 자살을 시도했다가 그 후유증으로 튜브를 통해서 음식을 섭취하고 있었다. 나는 그에게 그의 몸은 그의 것이 아니라 하나님의 것이기에 자신의 몸을 파괴할 권리가 없다고 말했다. 그는 처음에 나의 말을 이해하지 못했다. 그러나 몇일 후 그는 자신의 몸이 하나님의 것이니 파괴할 수 없으므로, 자살할 생각을 버리겠다고 고백했다. 그는 내면의 평안을 찾을 수 있었다. 기도와 성경 읽기 그리고 하나님이 그에게 주신 삶에 대한 감사를 통해서 자살충동은 사라졌다.

예수님께서도 직면하셨던 사탄의 시험중 하나가 자살이다. "또 이끌고 예루살렘으로 가서 성전 꼭대기에 세우고 이르되 네가 만일 하나님의 아들이어든 여기서 뛰어내리라 기록되었으되 하나님이 너를 위하여 그 사자들을 명하사 너를 지키게 하시리라 하였고 또한 그들이 손으로 너를 받들어 네 발이 돌에 부딪치지 않게 하시리라 하였느니라 예수께서 대답하여 이르시되 주 너의 하나님을 시험하지 말라 하였느니라" (누가복음 4:9~12).

예수님께서 하신대로 우리도 성경말씀으로 성경을 왜곡하는 영들을 물리칠 수 있다.

8. 비난하는 영

내가 덴버 여자교도소에서 "용서"라는 클래스를 강의할 때, 많은 기독교인들이 비난하는 영으로부터 영적 공격을 받고 있다는 것을 배웠다. 그러나 하나님의 말씀과 성령님은 비난하는 악령보다 더 강력하다. 클래스에 참석한 많은 사람들이 하나님께 용서를 받을 수 있다는 것을 배우고 비난의 영에서 해방을 받았다.

주님은 비난을 하시는 분이 아니시다. 그 분은 용서를 구하는 사람들을 용서하시고 사랑하신다. 우리는 우리가 용서 받은 것을 가지고 죄책감속에서 고통을 당할 필요가 없다. 예수님께서 십자가에서 돌아가신 이유는 죄와 죄책감에서 우리를 자유롭게 해 주시기 위한 것이다.

사탄은 이미 죄사함을 받은 사람에게도 그들의 과거의 죄들을 들춰내고 성경말씀까지 이용해서 비난한다. 나도 그런 경험을 한적이 있다. 로마서를 읽다가 나는 내가 죄인임을 깨닫고 주님께 용서를 구했고, 존재하는 줄도 몰랐던 평안을 느꼈고 용서받았음을 알게 되었다.

"만일 우리가 우리 죄를 자백하면 그는 미쁘시고 의로우사 우리 죄를 사하시며 우리를 모든 불의에서 깨끗하게 하실 것이요" (요한1서 1:9).

곧, 나는 성경 읽기의 기쁨을 찾게 되었다. 그러나 생각하지도 못한 일이 내 마음 안에서 일어났다. 하나님이 나를 용서하실 수 없다고 말하는 음성이 내 마음에 들리기 시작한 것이었다. 그 소리는 성경 구절까지 인용하면서 나의 죄를 꼬집었다. 그것은 나를 비참하게 만들었다. 그것으로 인해서 혼란이 왔었지만 악령이 하나님의 말씀을 왜곡해서 나를 공격하는 것이라는 것을 깨달은 후에 성경말씀으로 그 음성과 싸우기 시작했고, 결국 그 비난의 음성은 멈추었다.

당신이 잘못을 했을 때 죄책감과 부끄러움을 느끼는 것은 정상적이다. 그러나 하나님께 용서를 구하면 하나님은 언제라도 당신을 용서하실 것이다. 그런데 이미 용서를 구한 후에 죄책감과 부끄러움에 시달린다면 비난하는 영에 의해 고통을 받고 있는 것이다.

악령들은 우리의 약점을 알고 있고, 그들은 우리를 비난하고 고통의 삶을 살도록 힘을 쓴다. 우리가 우리의 약한 점에 집중하는 것은 아무런 도움이 되지 않는다. 하나님의 사랑, 자비, 용서, 그리고 우리를 치유하시는 성령의 힘에 초점을 맞추어야 한다.

성경말씀을 읽고 마음에 새기고 암기하라. 로마서 8:1~2은 내가 가장 좋아하는 것 중의 하나이다. "그러므로 이제 그리스도 예수 안에 있는 자에게는 결코 정죄함이 없나니. 이는 그리스도 예수안에 있는 생명의 성령의 법이 죄와 사망의 법에서 너를 해방하였음이라."

9. 집착의 영

우리의 생각과 행동은 다른 어떤 누구도 아닌 우리 자신이 조절해야 한다. 사탄은 우리의 마음과 몸을 조정하려고 애쓴다. 당신이 잘못된 것을 생각하지 않으려고 해도 계속 그런 생각에 집착이 되고 떨칠 수 없을 때는 강력한 집착의 악령에게 고통을 당하는 것일 수 있다.

이 악령들은 사람들에게 사람이나 물건 또는 어떤 것에 집착을 시키면서 악한 생각과 행동까지도 하게 하려고 한다. 사랑하는 사람이 죽거나 혹은 그들의 관계가 끝났을 때, 그들을 잊지 못하는 사람들을 보아 왔다. 그들은 그 현실에서 벗어나기를 원하고, 또한 계속 살아가기를 원하지만 역부족 현상이 되고만다. 어떤 이들은 다른 이를 너무 사랑하기에 그들에게 집착하는 경우가 있다. 어떤 이들은 관계가 잘못되기 시작한 시점에 악한 영이 주는 생각과 집착에 사로잡혀서 자신의 파트너 혹은 자기 자신을 해하려고 한다.

이것은 또한 중독증과 싸우는 이들에게도 일어날 수 있다. 그들은 마약과 술을 계속 하라는 충동의 소리를 들을 수 있다. 어떤이들은 약물중독에서 해방되고 싶으나 자신의 힘으로는 도저히 할 수 없다고 결정내린다. 그들은 잘못된 목소리에 복종해서 자신과 다른 이들에게 상처를 준다.

어떤 섹스중독자들는 그들의 색욕과 부도덕한 행동들을 그만두기를 원하면서도 한편으로는 계속해서 그런 부도덕한 삶에 대한 강한 욕구 또한 갖고 있는 자신들을 발견한다. 그들은 불결한 생각에 초점을 두고 그것을 행동으로 옮기므로 자기절제가 힘들어진 것이다. 그런 죄속의 생활은 집착의 악령에게 문을 여는 것이다. 만약 당신이 그런 상황이라면, 집착의 육욕의 악령이 당신을 공격하고 있다는 것을 깨달을 필요가 있다. 육욕의 악령을 예수님의 이름으로 쫓아내고, 하나님께로 돌아와 회개해야 한다.

오늘날의 사회는 낮은 도덕적 기준을 가지고 있으며, 또한 부도덕한 행위들에 관대하다. 그러나 하나님의 말씀에 순종하려는 사람들은 죄에 빠지지 않고 경건한 삶을 살수 있도록 인도해 준다. "인자와 진리로 인하여 죄악이 속하게 되고 여호와를 경외함으로 말미암아 악에서 떠나게 되느니라" (잠언 16:6).

요셉은 하나님을 경외하는 사람이였기에 간음의 유혹을 받았을 때 죄를 저지르지 않고자 도망을 쳤다. 그는 "이 집에는 나보다 큰 이가 없으며 주인이 아무것도 내게 금하지 아니하였어도 금한 것은 당신뿐이니 당신은 그의 아내임이라 그런즉 내가 어찌 이 큰 악을 행하여 하나님께 죄를 지으리이까" (창세기 39:9)라고 말했다.

우리는 하나님의 거룩하신 뜻을 깨닫고, 그분의 길을 따라야 한다. 그럴때에 부도덕한 삶을 거부할 수 있는 힘이 생긴다. 하나님의 말씀을 공부하는 것은 우리가 하나님의 뜻을 깨닫고자 하는 것이며, 그분을 사랑하는 것이 우리의 최우선 과제가 되어야 한다.

만약 당신이 집착적인 중독성 악령에 고통당하고 있다면, 예수님께 의지함으로 용서와 평안과 치유를 받을 수 있다는 것을 깨달아야 한다. 영적 전쟁에서 승리하기 위해서는 죄된 삶을 버리고 악령을 예수님의 이름으로 쫓아내야 한다.

하나님의 말씀은 육욕과 집착의 영으로부터 당신을 자유롭게 하시는 힘을 가지고 계신다. 하나님께 순종하는 거룩한 삶을 선택할 수 있도록 계속해서 기도하고 성경말씀을 묵상해야 한다.

바울사도는 우리가 어떻게 생각을 조절하여 잘못된 집착의 영에서 해방되는 가를 가르쳐준다. "끝으로 형제들아 무엇에든지 참되며 무엇에든지 경건하며 무엇에든지 옳으며 무엇에든지 정결하며 무엇에든지 사랑 받을 만하며 무엇에든지 칭찬받을 만하며 무슨 덕이 있든지 무슨 기림이 있든지 이것들을 생각하라" (빌립보서 4:8).

10. 기만의 영

자신을 죽은 사람의 몸을 빌려서 나타나는 기만의 영들이 있다. 가끔은 사랑했던 죽은 사람 혹은 알지도 못하는 사람으로서 나타나는 것이다.

한 교도소 여 간수가 이층 여성들의 감방을 점검할 때 이상한 경험을 했다는 것을 나에게 이야기 했다. 한 여자가 유리창 옆에 서서 간수를 쳐다보고 있었다. 그녀는 수감자의 이름 게시판을 확인하기 전까지는 대수롭지 않게 여겼다. 게시판에는 이층에 수감자가 없었다. 다음에 간수가 다시 한 번 점검하러 갔을 때에도 같은 여자가 쳐다보고 있었다.

누군가가 이름을 기입하는 것을 잊은 것인지 궁금해서 물어보니 다른 부관들은 이층에는 수감자가 없다며 얼마 전 자살한 한 수감자의 사진을 이메일로 보내 주었다. 간수는 사진을 확인하고는 충격에 빠졌다. 사진 속 여자는 이층방에서 본 여자였다. 다시 이층에 올라갔을 때, 같은 여자가 바라보고 있었다. 이번에는 간수가 그 여자에게 "나는 당신의 죽음과 아무런 상관이 없어요. 나는 당신이 누군지도 몰라요"라고 말했다고 한다.

내가 이 이야기를 들었을 때, 그 간수에게 사람이 죽었을 때, 죽은 영혼들이 교도소에 남아서 떠돌아 다니지 않고 영혼은 천국이나 지옥에 간다고 말해 주었다. 그러나 악령들은 사람들에게 죽은 사람의 몸으로 나타나서 두려움과 공포를 주고 관심을 얻으려고 하며 성경말씀은 죽은 혼을 불러내는 사람들과 상대하는 것을 금하므로 대화를 하지 말라고 말했다.

"너희는 신접한 자와 박수를 믿지 말며 그들을 추종하여 스스로 더럽히지 말라 나는 너희 하나님 여호와이니라" (레위기 19:31).

나의 여동생이 18살 때 교통사고로 죽었다. 꿈에서 그녀를 볼 때마다 누군가 목을 조이는 것같이 숨이 막혀서 잠자리에 드는 것이 두려웠다. 내 여동생을 보는데왜 숨이 막히고 고통을 당하는지 이해할 수 없었다. 나의 어머니는 내가 꿈에서 동생과 좋은 시간을 보냈다면 그것은 괜찮다고 하셨다. 하지만 그렇지 않았다. 어머니는 나에게 꿈에서 본 것이 동생이 아니라 여동생으로 가장한 마귀라고 말씀하셨다. 왜냐하면 내 여동생은 천국에서 하나님과 함께 있기 때문이었다. 어머니는 내가 꿈에 본 것이 여동생이었다면 나에게 고통을 주기 위해서 나타나지 않았을 것이라고 하시며 예수님의 이름으로 마귀를 쫓으라고 말씀하셨다. 나는 그렇게 했다. 그 후 천천히 그 악몽과 숨막힘은 사라졌다.

내 친구가 자살했을 때, 꿈에 나타나 나를 붙들고 늘어져서 떼어 버리려고 애썼으나 그녀가 워낙 힘이 세서 도저히 풀려날 수 없었다. 그때 나의 어머니가 꿈에 나타나서 그녀에게 가라고 소리질렀다. 내 친구는 울며 떠났다. 이 꿈은 사탄의 공격이었고 나의 어머니의 기도가 꿈에서도 나를 지켜주셨다.

어느날 내가 교도소에서 하나님을 믿는 여인이 자신이 죽은 이들을 볼 수 있으며 대화할 수 있다고 나에게 말했다. 하나님이 성경말씀에 죽은 영과 소통하기를 원하시지 않는다고 말하자 그녀는 자신이 성경말씀에 순종하기를 원하기 때문에 더 이상 죽은 영들과 절대 말하지 않겠다고 말했다.

또 한번은 죽은 사람들의 영혼과 대화할 수 있다는 한 여자 재소자와 대화한 적이 있다. 살아 있는 동안 끝내지 못한 것이 있기 때문에 이 세상에 떠돌아 다니는 많은 죽은 사람들의 영혼들이 있다고 말하면서 영들이 시시때때로 그녀를 공격하고 괴롭힌다고 말했다.

나는 그녀에게 그 영혼들이 죽은 사람들의 영혼이 아니라 죽은 사람을 가장해서 나타나는 악령들이라고 설명했다. 악령들이 사람들의 주의를 끌어서 궁극적으로 고통과 공포를 일으키기 위한 것이므로 우리는 그런 악령들과 말하거나 연관되어서는 안 된다고 말했다. 우리가 그들과 소통한다면, 그것은 우리가 사탄과 소통하는 것이 되는 것이며 영적 공격의 문을 여는 것이라고 말했다. 예수님의 이름으로 사탄에게 떠나라고 명령하고 사탄을 쫓아내고 그 결박에서 풀려 날 수 있다고 말해 주었다.

그녀는 내가 한 말을 믿지 않고 죽은 영들에 대한 집착이 있는 듯 했다. 죽은 혼령들에 대한 경험담을 흥미있게 듣는 사람들로부터의 관심을 즐기는 듯 했고 죽은 영들과 소통하는 것을 멈출 의도가 전혀 없었다.

우리의 관심과 삶의 초점이 죽은 영혼에 관한 것일 때 우리는 전심으로 하나님을 사랑할 수 없다. 흥미롭게도 내가 그녀의 얼굴을 보았을 때 죽은 이의 모습같았다. 죽은 영들로 나타나는 악령들과 계속 대화하는 것이 모습에까지 영향을 주었다고 생각한다.

우리는 꿈과 환상을 통해서 죽은 이들을 보는 경험이 모두 나쁘다는 것이 아님을 알아야 한다. 하나님은 우리에게 메세지를 전달하시기 위해서 꿈과 환상을 이용하시기도 한다. 주님께서 주시는 꿈과 환상은 우리에게 고통이 아닌 위로와 치유함을 주신다. 하나님이 우리에게 주시는 것은 선한 것이며, 사탄이 주는 것은 혼란, 고통, 아픔이다. 주님께 향한 우리의 집중을 방해하는 어떤 것에도 현혹되어서는 안된다. 우리는 하나님께 분별력을 달라고 간구해야만 한다. 그래야 무엇이 하나님께로부터 온 것인지, 아니면 사탄으로부터 온 것인지를 알 수 있다.

11. 두려움의 영

두려움의 악령으로부터 공격받는 사람들은 걱정, 근심, 심지어 편집증적 경향을 가지기도 한다. 내가 사역을 시작하기전에 가게를 운영하고 있었는데 낸시라는 여인을 만났다. 마지막으로 교회에 갔을 때, 무서운 공포에 차서 교회 건물에서 뛰쳐 나왔다고 한다. 그런 이야기를 하는 동안 나는 강한 마귀의 공격을 느낄 수 있었고 그녀의 공포가 사탄의 공격에 의한 것임을 알게 되었다. 사탄은 내가 그녀를 설득해서 교회에 다시 나가도록 하는 것이나 하나님에 대해서 이야기 하는 것을 원치 않기에 대화하는 것을 방해하려고 한 것이었다.

낸시가 가게를 떠날 때, 나는 "만약 당신이 회개하고 주님께 용서를 구하고 돌아오지 않는다면, 당신은 그 사탄과 함께 지옥에 떨어질 거에요"라고 말하고 싶었다. 그러나 그것은 생각이었을 뿐 그당시에 나는 어떻게 그런 사람들을 도와 주어야 하는지를 몰랐다.

만약 당신이 두려움, 불안, 편집증 혹은 모든 종류의 감정적 아픔으로 고통을 당하고 있다면, 죄를 용서해 달라고 주님께 간구하고, 믿음을 키울 수 있는 교회를 찾아라. 많은 이들이 교회에서 문제가 생기면 용서를 못하고 사탄의 거짓말에 속아 교회를 떠나간다. 영적으로 성장할 수 있는 교회를 찾아서 하나님께 예배드리는 것에 힘써서 사탄에게 틈탈 기회를 주지 말아야 한다.

아담스 카운티에서 두려움의 영으로부터 고통을 당하는 모나라는 여인을 만난 적이 있다. 그녀는 자신의 가족을 항상 걱정하고 무슨 나쁜일이 일어날 거라는 두려움에 호흡곤란증세를 겪었다. 그녀를 위해서 기도해 주고 하나님께 치유를 구하는 기도와 성경 읽기를 계속하라고 말했다. 하나님께 가까워지면 질수록, 사탄이 떠나게 되 있다고 말해 주었다. 어느날 그녀는 나에게 성경암송을 시작했는데 큰 도움이 되었다고 말했다.

"하나님이 우리에게 주신 것은 두려워하는 마음이 아니요 오직 능력과 사랑과 절제하는 마음이니" (디모데후서 1:7).

모나가 두려운 생각에 사로 잡힐 때마다, 이 성경을 암송, 묵상했고, 평안을 찾게 되었다. 하나님의 말씀은 마귀로부터 사람들을 해방시키는 영적인 힘을 가지고 있다. 영적으로 성장하기 위해서는 하나님의 말씀에 순종해야 한다. 당신이 가진 그 어떤 정서적 아픔이나 고통속에서도 승리하는 방법을 바울은 가르쳐준다. "주 안에서 항상 기뻐하라 내가 다시 말하노니 기뻐하라 너희 관용을 모든 사람에게 알게 하라 주께서 가까우시니라 아무 것도 염려하지 말고 다만 모든 일에 기도와 간구로, 너희 구할 것을 감사함으로 하나님께 아뢰라 그리하면 모든 지각에 뛰어난 하나님의 평강이 그리스도 예수 안에서 너희 마음과 생각을 지키시리라" (빌립보서 4:4~7).

12. 악령의 빛

내가 한국의 수원신학교에 다닐 때에 수자라는 친구를 만났다. 믿음이 없었으나, 그녀의 부모님이 신학교에 다니라고 해서 다니고 있었다. 또 믿음이 흔들려 보이는 경자라는 다른 학생은 자신의 부모가 교회 장로, 권사이며, 오빠가 정신병이 있다고 말했다. 어느날 수자는 경자에게 그림을 빌리려 했지만 경자는 그 그림이 자신에게 아주 소중한 것이라며 거절했다.

그 대화가 있은 지 얼마 지나지 않아 수업시간에 수자의 눈에 푸른 빛이 어른거릴 뿐아니라 강한 악령에게 사로잡힌 눈이란 것을 알 수 있었다. 그녀의 눈에게서 나오는 섬뜩하고 강한 힘이 있었기에 나는 두려움으로 그녀의 눈을 정면으로 응시하는 것을 피했다.

수업이 끝난 후, 경자가 나에게 와서 속삭였다. "수자 눈 봤니? 그애 눈이 내 오빠 눈처럼 보였어."

수자의 눈은 항상 그런 이상한 악령의 빛을 띄는 것은 아니었다. 그녀의 눈이 정상적으로 보이는 어느 날, 이상스런 눈빛에 관해서 물어보지 않았지만, 같이 이야기를 하면서 놀라운 사실을 발견했다.

그녀는 가끔 하나님께 기도한다고 말했다. 하지만 하

나님은 응답하시지 않는 것 같아서 사탄을 부르기 시작했다고 말했다. 나는 깜짝 놀랐다. 그것이 나의 의문에 대한 답이었다. 사탄에게 마음을 열었기 때문에 그녀의 눈이 어떤 때는 악령에 사로 잡힌 눈이었던 것이었다.

어느날 저녁, 경자가 자기의 집에서 함께 밤을 보내자고 했다. 그녀의 방에 들어갔을 때, 벽에 걸린 어떤 여인의 그림을 보았다. 그것이 수자가 경자에게 빌리기 원했던 그림이라는 것을 말을 하지 않아도 짐작할 수 있었다. 영적으로 이상한 그림이라는 느낌이 들어서 더 이상 쳐다보지 않았다.

밤에 경자는 나에게 그림 속 여인의 눈 색깔이 변하고, 빛이 나온다고 말했다. 경자는 그것에 심취해 있었지만 그녀가 보는 것은 하나님과는 동떨어진 사탄의 짓이라는 결론이 내리자 그곳에서 밤을 지내려고 결정한 것이 실수였다는 생각이 들었다. 나는 수원에 있는 학교에 다니는 동안 송탄에서 살고 있었다. 그 시간에 다니는 버스가 없었기에 집에 가기에는 너무 늦었다.

나는 그 방에서 밤새도록 한잠도 못 자고 사탄의 공격을 받았다. 그런 마귀의 강한 공격을 경험을 해 본 것은 처음이었다. 마귀를 이길 수 있는 것은 기도였다. 나는 밤새 기도하며 싸워야 했다. 피곤해서 잠시 잠이 들려고 하면 아무것도 눈에는 안보였지만 무엇인가가 나의 몸을 때리고 강하게 압박을 가하며 공격했다. 내가 기도를 하자마자 그 공격은 사라졌다. 이런 영적 싸움이 밤새도록 계속 되었다.

비록 끔찍한 밤이었지만, 중요한 것을 배우게 되었다. 친구의 집에 있던 악령들은 매우 강력했다. 경자는 자기 오빠가 사탄에게 사로 잡혀서 정신병자가 되었다고 했다. 나는 그것을 믿는다. 그녀의 가족은 교회에 다녔으나, 영적 세계에 대한 지식이 없어 보였고, 또한 악령들과 어떻게 싸우는 지를 모르는 듯 했다.

사탄이 강하게 역사하고 있는 집과 그렇지 않은 집의 차이점을 말할 수 있다. 예를 들면, 기도를 많이 하는 기독교인의 집에 들어가면, 평안함을 느끼며 편하게 잘 수 있다. 그렇지 않은 집에서는 내가 잠들려고 하면, 그 집 사람들을 공격하며 고통을 주는 악령들로부터 공격당하는 때가 있다.

교도소에서 만난 프레즈씨는 자신이 어떻게 이상한 색과 모양의 빛들을 구별하기 시작했는지를 나에게 말해 주었다. 처음에 그는 그 빛들이 선한 영이라고 생각했지만 후에는 그것들이 선한 영이 아닌 것을 알게 됐다.

그 빛은 그의 주의를 끌기 원했고, 곧 전기적 충격과 바늘로 찌르는 듯한 느낌을 통해서 그에게 고통을 주기 시작했다. 그가 그 빛에 관심을 주자마자, 그들은 그의 심장을 공격했다.

고통을 주는 악령들은 사람들을 공격할 때 심장을 많이 공격한다. 그래서 많은 사람들은 그들의 가슴에 극심한 고통을 느낀다. 당신이 의학적으로는 아무런 문제가 없는데도 항상 가슴이 아프다면 고통을 주는 악령들로 인해서 생긴 것일 수가 있다. 성경을 읽고 기도를 하면서 예수님의 이름으로 마귀를 쫓으면 가슴 아프던 사람들이 더 이상 가슴이 아프지 않다는 간증을 나는 많이 들었다.

프레즈씨가 악령들이 가슴을 공격한다는 것을 안다는 것은 그가 영적 분별력의 은사를 받았기 때문이다. 많은 사람들이 이것을 인지하지 못한다. 우리가 도움을 구하기 위해서 예수님을 의지하면, 사탄은 더 이상 머무를 수 없다. "열두 제자를 부르사 둘씩 둘씩 보내시며 더러운 귀신을 제어하는 권능을 주시고" (마가복음 6:7).

사탄은 무엇이 선하고 악한 영인 지를 구분할줄 모르는 사람들을 기만하려고 한다. 우리는 성경을 읽고, 하나님의 지혜와 분별력을 구하는 기도를 할 필요가 있다.

프레즈씨도 성경을 읽고 기도하면서부터 악령들의 공격이 줄어들기 시작했다고 한다. 그가 하나님 안에서 더욱 깊은 믿음 생활을 하고 영적으로 강해지면서 사탄의 공격과 압박이 완전히 없어졌다는 간증은 나를 기쁘게 했다. 사실 그에게 사탄의 공격은 그의 믿음을 더 성장하는 계기를 만들어 주었다. 하나님을 의지하지 않고는 그가 영적 싸움에서 도저히 이길 수가 없다는 것을 배웠다고 한다.

13. 질병의 영

나의 어머니는 치유의 은사를 받으셨다. 어머니의 기도로서 많은 이들이 치유함을 받았다. 어머니께서 아픈 이들을 위해서 기도하실 때에는 성경말씀으로 기도하시면서 예수님의 이름으로 사탄을 내쫓으셨다. 종종 사람들이 치유함을 받은 후에 그들에게 병을 가져다 주던 악령들이 어머니를 공격하려고 했다고 한다. 그런 일이 일어나면, 어머니는 사탄을 꾸짖어 내쫓았다.

어느 날 어머니가 교회에 있을 때, 한 맹인 젊은 여자가 지나가는데 어머니를 공격하는 악령을 느끼셨다고 한다. 어머니가 그녀를 위해서 기도하시며 예수님의 이름으로 사탄을 쫓아내자 시력은 회복되었다.

어머니의 친구분 중 한 분도 아픈 이들을 위해서 기도하시는 분이 있었다. 그녀의 경우는 병자를 위해서 기도하는 동안 자신이 질병의 사탄으로부터 공격을 받은 것이다. 기도 받은 분은 치유를 받지 못했고 오히려 기도해 준 자신이 아프기 시작해서 그 후 오랫동안을 치유를 받기 위해서 많은 곳을 찾아 다니며 기도를 받았다고 한다. 치유의 은사와 영적인 강력함을 가진 목사님이 기도를 해준 후에나 치유함을 받았다고 한다.

성경말씀은 예수님에 대한 믿음이 깊지 못하면서, 악령으로 고통받는 사람들을 위해서 기도하게 되면 오히려 악귀로부터 공격당하고 그것에 대항 할 힘이 없다는 것도 가르쳐준다.

"이에 돌아다니며 마술하는 어떤 유대인들이 시험삼아 악귀들린 자들에게 주 예수의 이름을 불러 말하되 내가 바울이 전파하는 예수를 의지하여 너희에게 명하노라 하더라 유대의 한 제사장 스게와의 일곱 아들도 이 일을 행하더니 악귀가 대답하여 이르되 내가 예수도 알고 바울도 알거니와 너희는 누구냐 하며 악귀 들린 사람이 그들에게 뛰어올라 눌러 이기니 그들이 상하여 벗은 몸으로 그 집에서 도망하는지라 에베소에 사는 유대인과 헬라인들이 다 이 일을 알고 두려워하며 주 예수의 이름을 높이고" (사도행전 19:13~17).

위의 이야기는 우리가 주님안에서 믿음을 가지고 있느냐 아니냐를 사탄은 알고 있다는 사실을 보여준다. 예수님께서는 우리에게 진실된 믿음을 가지라고 말씀하신다. "이르시되 너희 믿음이 작은 까닭이니라 진실로 너희에게 이르노니 만일 너희에게 믿음이 겨자씨 한 알 만큼만 있어도 이 산을 명하여 여기서 저기로 옮겨지라 하면 옮겨질 것이요 또 너희가 못할 것이 없으리라" (마태복음 17:20).

예수님은 우리에게 사탄을 물리칠 힘과 권능을 주셨다. 그래서 당신이 작은 믿음을 가졌을 지라도 진실되다면 예수님의 이름으로 악령들을 내쫓고 자유함을 얻을 수 있다. 당신이나 다른 이들을 사탄이 공격한다고 느낄 때, 그 영적공격에서 벗어나는 승리의 기도를 드려라.

우리는 기회가 주어질 때마다 병으로 고통받는 이들을 위해서 기도해야 한다. 하나님께서 그 교훈을 나에게 가르치셨다. 한번은 내가 어떤 마을에서 열린 기도모임에 초대받았는데 기도모임 인도자는 나를 군자라는 사람의 집으로 데려 갔다. 군자는 극심한 두통으로 고통받고 있었고, 나에게 기도를 부탁했고 나는 그녀에게 자신이 더욱 더 기도에 힘써야 하며, 다른 사람에게 의지하지 말라고 말했다.

내가 그 집을 떠난 후, 주님은 나를 꾸짖으시며 군자를 위해서 기도를 해 주었어야 했다고 말씀하셨다. 하나님은 내가 아팠을 때, 내 어머니와 다른 사람들이 나를 위해 기도함으로써 많은 도움을 받았다는 사실을 상기시키셨다. 나는 하나님께 용서를 구했다.

그날 저녁 기도모임에서 나는 그곳에 온 사람들에게 군자의 치유를 위해서 기도하자고 했다. 모든 사람들이 그녀를 빙 둘러 앉아서 함께 기도했다. 그 순간 예수님의 피가 그 교회바닥을 적시는 환상을 보았다. 주님은 당신이 군자에게 하시고자 하려는 말씀을 나에게 말하라고 하셨다. "내 딸아, 나는 너의 아픔을 알고 있다. 기도하라. 기도하라." 나는 그대로 전해 주었다.

그녀는 그날 밤 치유함을 얻지 못했다. 나는 집으로 돌아간 후 전에 겪어보지 못한 극심한 두통에 하루종일 시달렸다. 처음에는 나의 몸에 무언인가 잘못된 것이 있는 것이라고 생각했다. 나는 계속해서 기도했다. 그런데 군자가 두통에서 완전히 치유 받았다는 말을 들은 그 날 밤 나의 두통도 완전히 사라졌다. 나는 군자를 괴롭히던 악령이 떠나면서 나를 공격한 것이라고 생각한다. 나자신도 영적으로 약했기에 이런일이 있었다고도 생각한다. 이런 일들은 모두에게 일어나는 것은 아니다. 하지만 그것을 경험한 몇몇 사람들을 나는 만났다.

그 경험을 통해서 주님께서는 나에게 다른 사람들에 대한 동정심을 좀 더 가지도록 해 주셨다. 또한 하나님은 기도의 능력을 가르쳐 주셨다. 사탄은 바울의 사역을 훼방하려는 한 젊은 여인에게 역사하는 마귀를 쫓아냈다.

"이같이 여러 날을 하는지라 바울이 심히 괴로워하여 돌이켜 그 귀신에게 이르되 예수 그리스도의 이름으로 내가 네게 명하노니 그에게서 나오라 하니 귀신이 즉시 나오니라" (사도행전16:18).

한국에서 내가 다니던 감리교회는 마귀에게 사로잡힌 사람들을 위해서 기도하는 교회였다. 기도를 하는 사람들은 강한 믿음을 가진 장로와 집사들이었다. 그 이유는 사탄에 사로잡힌 이들이 믿음이 약한 사람들을 알아보고 공격하기 때문이었다고 한다.

"너희 중에 병든 자가 있느냐 그는 교회의 장로들을 청할 것이요 그들은 주의 이름으로 기름을 바르며 그를 위하여 기도할지니라 믿음의 기도는 병든 자를 구원하리니 주께서 그를 일으키시리라 혹시 죄를 범하였을지라도 사하심을 받으리라" (야고보서 5:14~15).

교회의 장로들을 부르라고 하는 데에는 이유가 있다. 사탄에 사로잡힌 병자의 경우 그 사탄을 쫓아내기 위해서는 주님 안에서 강한 믿음을 가진 사람이 필요하다. 또 내가 경험한 것은 만약 치유함을 받은 이가 믿음이 성장하지 않으면, 사탄은 돌아와 다시 그들을 괴롭힐 가능성이 있다.

주님도 집이 깨끗해진 집에 일곱 귀신이 들어가서 전보다 더 악한 일이 있을 수 있다는 것을 말씀하셨다. 그래서 우리는 악령이 떠나가도 계속해서 하나님에 대한 믿음이 성장해야만 악령들의 공격을 다시 막을 수 있다.

어떤 아이가 괴롭힘을 당하고 있다. 지나가던 사람이 그것을 멈추게 했다. 만약 그 아이가 성장하고 강해지지 않는다면, 다시 괴롭힘을 당하거나 또 다시 다른 사람에게 의지해야 하는 것이다. 그래서 믿음이 약한 사람들은 강한 믿음을 가진 사람들의 기도가 필요하다. 그러므로 우리는 서로 다른 사람들을 위해서 기도해야만 한다. 하지만 완전한 자유와 해방은 본인 자신이 주님안에서의 믿음을 가지고 영적 전쟁에서 어떻게 승리할 수 있는지를 알고 마귀를 쫓을 때에 온다.

모든 질병이 질병의 사탄으로부터 오는 것은 아니라는 것을 기억하라. 우리는 성령님의 분별력을 구하는 기도를 통해서 영적 공격과 육체적 허약함을 구별해야만 한다.

나의 어머니가 80세가 되셨을 때, 어머니는 나에게 병자를 위해서 기도를 하면 그 사탄이 자신을 공격한다고 말씀하셨다. 어머니는 자신이 사탄과 싸우기에는 육체적 강인함이 충분히 못되는 것같이 느낀다고 말씀하셨다. 그래서 다른 이들을 위해서 기도하는 것이 점점 어려워진 것이다. 지금 어머니는 다른 사람들을 위해서 기도를 하기보다는 중보 기도에 더 시간을 보내고 계신다.

14. 혼란과 증오의 영

하루는 교도소안에서 기도를 인도하려고 한 감방에 들어 갔는데 재소자들이 말했다. "목사님, 메어리를 위해서 기도해 주세요. 혼자 있을 때, 소리를 지르며 누군가에게 말하고 있었어요. 하지만 그 방에는 그녀 외에는 아무도 없었어요. 마귀에게 사로 잡힌 것 같아요."

나는 고개를 흔들었다. "메어리는 하나님을 믿는 사람이에요. 마귀에게 사로 잡힌 것이 아니고 악한 영들이 괴롭히고 공격을 받으니까 싸우고 있는 것에요."

메어리를 감방에서 불러내어서 그녀의 이야기를 들으니 나의 짐작이 맞았다. 메어리는 수잔에 의해서 상처를 받은 후 수잔의 음성을 매일 듣기 시작했고 거울을 보면 수잔의 얼굴이 보여서 그녀를 공포에 질리도록 만들었다고 말했다.

"나는 수잔을 증오해요!"라고 메어리는 분노에 찬 소리로 말했다.

"수잔을 용서하세요. 용서를 할 때 치유가 가능해요. 사탄은 당신의 증오를 알고 있기에 수잔의 목소리를 흉내 내고 거울에 그녀의 얼굴을 나타나게 하는 거예요. 사람은 그런 일을 할 수 없어요. 당신이 증오와 분노에 집중하며 수잔에게 집착하도록 만들려는 악령들의 짓이에요. 당신이 방에 있을 때 수잔의 목소리가 들리나요?"

"네, 수잔이 나에게 말하고, 그녀를 피할 수가 없어요. 2년 넘게 이런 일을 겪고 있어요"

"다음에 그런 일이 벌어지면 예수님의 이름으로 그 사탄을 쫓아내세요. 비명을 지르거나 싸우거나, 사탄과 다투지 마세요. 그저 기도와 성경 읽기를 좀 더 자주하고 예수님께 집중하세요. 용서하지 않고 계속 미워하면 사탄에게 문을 열어주게 되요."

"내 삶이 수잔으로 인해서 재앙이 되었어요. 그녀가 정말 미워요."

"당신에게 상처주는 사람은 수잔이 아니고 마귀의 짓이에요. 나도 전에 나에게 상처주었던 사람의 악한 고함소리를 들은 적이 있어요. 용서하지 못하는 내 마음이 사탄에게 문을 열게 되었죠. 마음에 분노를 품었던 것에 대해서 하나님께 용서를 구했고, 다시는 그 음성이 안들렸어요. 이제 용서할 시간이에요."

"나는 어떻게 용서하는지를 몰라요."

"예수님은 '너희를 저주하는 자를 위하여 축복하며 너희를 모욕하는 자를 위하여 기도하라' (누가복음 6:28)라고 말씀하셨어요. 용서하지 못하는 영으로부터 벗어나 치유받으려면 주님께 온전히 순종을 해야 해요. 나도 한 여자가 상처를 주었을 때 용서 하기 힘들었어요. 하나님 말씀을 순종해서 상처를 준 여자를 축복하는 기도를 계속하면서 용서할 수 있었어요. 그 여자를 축복하는 기도를 시작해봐요. 하나님께서 용서하게 도와주실 거예요."

메어리는 용서하기 위해 노력할 거라고 말했고 나는 그녀가 평안을 찾을 수 있도록 기도해 주었다. 그후에 다른이들에게 메어리의 상태를 물었다. 그들은 어느 정도 그녀가 안정이 되었으며, 더 이상 비명을 지르지 않는다고 말했다. 그녀가 말씀에 순종하고 계속해서 기도하며 사탄에 대항하고 용서하면 악한 영들에게서 완전히 해방될 것이다.

15. 절망의 영

사람들이 절망을 느끼는 여러가지 이유들이 있다. 생활에서 오는 어려움이나 혼란, 학대받는 환경에 처하거나, 혹은 사랑하는 이를 잃었을 때, 견디기 힘든 자신들의 한계때문에 절망을 느낄 수도 있다. 우리의 평안과 기쁨을 빼앗아가는 질병으로 인해서 고난과 역경에 처할 수 있다. 하지만 하나님과 함께라면 어떤 상황에 처해 있든지 우리에게 위로, 격려, 용기와 힘을 주신다.

내가 말하는 절망이란 우리의 마음속에서 시작되는 영적인 병이고 삶이 무가치하며 우리자신 역시 가치가 없다고 말하는 마음에 오는 음성을 이야기한다. 우리 자신과 삶을 무가치하게 여길 때, 절망의 영에 의해 기만당하고 있다는 것을 깨달을 필요가 있다.

나는 자라면서 절망의 영으로부터 고통을 당한 적이 있다. 아버지의 알콜중독과 엄마에 대한 학대로 인해서 감정적으로 상처를 입었다. 나는 가족들을 도와줄 수 없다는 무력함에 빠졌고 아버지에 대한 분노를 품고 있었다. 절망적인 삶을 오랫동안 살다 보니 모든 사람들이 항상 고통 속에서 살고 있다고 생각했고 삶이 무가치하다는 결론을 지었다. 이 생각은 점점 커져서 결국 우울증으로 힘들어했다. 내가 성경을 읽기 전까지는 그것이 절망의 영에 의한 공격이라는 것을 깨닫지 못했다.

하나님의 말씀은 절망의 영과 삶이 무가치하다는 거짓말을 쫓아버리셨다. 삶에 고난과 역경이 있더라도, 삶은 하나님이 우리에게 주신 것이기에 여전히 선하고 아름답고 귀중한 것이다. 하나님은 우리를 사랑하시고 귀하고 가치있게 여기신다.

"하나님이 세상을 이처럼 사랑하사 독생자를 주셨으니 이는 그를 믿는 자마다 멸망하지 않고 영생을 얻게 하려 하심이라" (요한복음 3:16).

하나님이 당신의 외아들까지 줄 정도로 사랑하신 것처럼 우리는 자신을 사랑하고 인정해야 한다. 왜 이러한 사실을 깨닫는 것이 중요한가? 만약 우리가 우리의 영혼의 가치를 모른다면 사탄의 기만과 거짓에 문을 열게 될 수 있다.

"하나님의 사랑이 우리에게 이렇게 나타난 바 되었으니 하나님이 자기의 독생자를 세상에 보내심은 그로 말미암아 우리를 살리려 하심이라 사랑은 여기 있으니 우리가 하나님을 사랑한 것이 아니요 하나님이 우리를 사랑하사 우리 죄를 속하기 위하여 화목 제물로 그 아들을 보내셨음이라" (요한1서 4:9~10).

어맨다는 거울에서 자신을 볼 때마다 "나는 널 사랑해. 넌 아름다워"라고 말한다고 나에게 말했다. 얼마나 자신을 사랑하고 인정하는 것을 배울 수 있는 방법인가! 만약 당신이 자신을 무가치하다고 여긴다면, 당신이 자신을 사랑하고 하나님이 당신을 사랑한다고 말하기 시작함으로서 사탄에게 문을 열어 주는 것을 피할 수 있을 것이다.

성경에 따라 당신 자신을 받아들이고 인정할 때 진정

으로 행복해지고, 다른 사람을 소중하게 여기는 방법을 배울 수 있을 것이다. 하나님은 당신을 사랑하시며 귀중히 여기신다.

16. 성경을 왜곡하는 영

샌디는 성경을 읽을 때 기쁨을 느꼈고 하나님의 말씀은 평안과 힘을 주었다. 그런데 삶이 힘들어 지자, 하나님의 말씀에 집중하는 것에 어려움을 느꼈다. 성경을 읽을 때, 무엇인가가 말씀의 뜻을 왜곡하는 소리를 들었고, 두려워서 성경을 읽는 것을 한동안 그만 두었다고 한다.

나는 사탄이 그녀에게 성경을 읽지 못하게 하려는 것이며 왜곡된 음성에 대항하라고 계속 성경을 읽으라고 말했다.

그후 샌디는 다시 성경을 읽기 시작했다. "요한계시록에서 타락한 천사에 관한 부분을 읽을 때, 내가 타락한 천사라는 음성을 들었어요. 제가 타락한 천사라고 생각하세요?"

나는 그런 생각이 어디에서 온 것인 지를 알았다. 마귀가 마음에 잘못된 음성으로 사람들의 마음을 혼란시키려 한다는 것을 그녀는 모르기에 그 질문을 하는 것이었다.

"당신이 천사인가요?"

"아니요."

"당신이 천사가 아니기 때문에 타락한 천사가 될 수 없어요. 사탄은 당신이 성경을 읽는 것을 포기하도록 만들기 위해서 하나님의 말씀을 왜곡했어요. 예수님의 이름으로 그 잘못된 음성에 대항하고, 성경을 계속 읽어야만 해요. 당신은 영적 전쟁을 경험하고 있어요. 사탄은 예수님께 기도와 금식하는 것을 방해하기 위해서 하나님의 말씀을 왜곡했어요. 사탄이 당신에게 같은 방법을 사용하고 있는 거예요. 예수님께서 그러신 것처럼 하나님의 말씀으로 사탄의 거짓말을 대항해야 해요. 사탄의 음성에 저항할 수 있는 힘과 지혜를 성령님께 구하세요."

그녀는 계속해서 성경을 읽고, 기도하고, 사탄의 왜곡된 소리에 대항했다. 결국 왜곡된 영의 공격은 적어지게 되었으며 성경 읽는 즐거움을 알게 되었다고 한다.

17. 슬픔의 영과 혼동의 영

제니는 삶에 어려움을 겪기 시작하면서, 심한 우울증에 시달렸고 무슨 일에도 집중하는 것에 어려움을 겪으며, 정신이 혼동되어 몽롱한 상태로 고통을 받았다.

"명확하게 생각할 수가 없어요. 마치 두꺼운 검은 구름에 싸인 듯이 아무 것도 볼 수 없어요. 내 몸을 누르는 두꺼운 이불에 싸여 있는 듯한 느낌이에요. 전엔 기쁘게 살았는데 지금은 그저 슬플 뿐이에요. 그리고 저에게 무슨 일이 일어난 것인지 알 수가 없어요."

이것은 슬픔의 영과 혼동을 가져오는 악령들에게 공격을 받을 때 경험할 수 있는 현상이다. 그럴 때 사람들은 명확하게 생각할 수 없고, 집중하는 데에 어려움을 느끼며 기쁨은 사라지게 된다. 마치 희망이 없는 것처럼 느껴진다. 그것은 주님이 아닌 억압의 영에 의해 생기는 것이다. 많은 이들이 슬픔의 영과 혼동의 영에 의해서 고통을 받는다.

제니에게 모든 이들을 용서하고 자신의 마음을 정화하여 하나님과의 관계를 회복하라고 말했다. 그러자 얼마 후에 하나님께서 그녀에게 죄를 고백하는 편지를 쓰라고 하셨다. 처음으로 하나님의 음성을 들은 것이라 하면서 기뻐했다. 그녀는 고백의 편지를 쓰면서 오랫동안 용서못했던 사람들을 용서하게 되었고, 하나님께 용서를 받고,

또 모든 것을 내려놓는 연습을 하기 시작하고는 더욱 평안을 찾았다고 한다.

우리가 마음을 정화할 때, 성령님은 어떻게 해야 더 깨끗하게 할 수 있는 지를 알려주실 것이다. 성령님의 도움으로 마음을 정화할 때, 슬픔으로부터 해방될 수 있는 희망이 생긴다.

주님은 또 제니에게 주님을 위해서 춤을 추라는 것이었다. 춤을 추기 시작한 후 마음에 큰 치유함과 기쁨을 느꼈다고 한다. 주님을 경배함은 우리의 영혼에 기쁨과 치유함을 가져다 준다. 우리가 주님께 가까워지고 주님을 찬양할 수록 사탄은 물러 날 수밖에 없다. 그것이 제니가 체험한 것이다.

나는 여동생이 교통사고로 죽었을 때, 혼동과 우울증에 시달렸다. 무엇인가가 정신을 압박하는 것을 느꼈고 기쁨이 없었고, 슬픔 뿐이었다. 성경을 읽기 시작하자, 성령님께서는 나의 마음을 열어서 죄를 알게 하셨다. 하나님께 용서를 구한 후, 나는 기쁨과 평안으로 가득 찼다. 마음을 정화하면서, 슬픔의 영은 더 이상 존재할 곳이 없었다. 세상에서 전에 느껴보지 못했던 평화를 하나님 안에서 느꼈다.

많은 사람들이 영적인 압박속에서 있어도 그것을 모르는 수가 있다. 가끔 어떤 이들과의 모임이나 축하연과 같은 것으로 시간을 함께 보낼 때 그곳에 참석한 많은 사람들이 하나님을 모르는 사람들이 많을 때 나는 공허함과 슬픔과 무거운 마음을 느낀다. 그것은 하나님께서 다른 사람들이 느끼고 있는 영적인 상태를 느끼게 해 주시는 것이라고 생각한다. 그래서 하나님을 모르고 잘못된 영들에게 영향을 받는 사람들과 시간을 보내는 것이 나에게는 몹시 힘이 든다. 그러나 그런 경험을 통해서 주님은 나에게 다른 사람들이 어떤 종류의 영적 전쟁을 겪고 있으며,

왜 그들이 주님이 필요한 지를 알게 해 주셨다.

당신이 슬픔과 혼동의 영으로 고통을 받고 있다면 주님께 고백의 편지를 쓰고, 모든 잘못에 대해서 용서를 구하라. 그리고 모든 이들을 용서하라. 그런 다음 매일 주님을 경배하고, 찬양하고, 성경을 읽고, 기도하고, 주님께 감사를 드려라. 당신은 기쁨으로 가득 차게 될 것이다. 그 때가 바로 슬픔과 혼동의 영이 떠나는 시점이다.

18. 파괴적인 영

어떤 사탄은 사람들을 고립시키고 심지어 스스로를 자학하게 하여 해치게 한다. "배에서 나오시매 곧 더러운 귀신들린 사람이 무덤 사이에서 나와 예수를 만나니라 그 사람은 무덤 사이에 거처하는데 이제는 아무도 그를 쇠사슬로도 맬 수 없게 되었으니 이는 여러 번 고랑과 쇠사슬에 매였어도 쇠사슬을 끊고 고랑을 깨뜨렸음 이러라 그리하여 아무도 그를 제어할 힘이 없는지라. 밤낮 무덤 사이에서나 산에서나 늘 소리 지르며 돌로 자기의 몸을 해치고 있었더라" (마가복음 5:2~5).

이 귀신들린 사람은 고통을 당하고 있었으나, 어떻게 그것으로부터 치유받을 수 있는 지를 몰랐다. 그러나 예수님은 그의 영적인 상태를 아시고 귀신을 쫓아내면 그가 영적인 자유함을 얻는다는 것을 아셨다. "이는 예수께서 이미 그에게 이르시기를 더러운 귀신아 그 사람에게서 나오라 하셨음이라" (마가복음 5:8).

예수님께서 그 남자를 괴롭히는 더러운 귀신을 꾸짖으셨을 때, 그는 영적인 해방이 됐고 파괴적 행동으로부터 치유함을 받았다.

"예수께 이르러 그 귀신 들렸던 자 곧 군대 귀신 지폈던 자가 옷을 입고 정신이 온전하여 앉은 것을 보고 두려워하더라" (마가복음 5:15).

　이 남자가 자해했다는 것을 기억하라. 자해하라는 음성을 듣는 사람들이 있다. 자해하도록 부축이며 음성을 들려주며 잘못된 길로 유도하는 악령들이 있는데 많은 사람들이 그 파괴적인 소리와 생각이 사탄으로부터 온 것이며, 또한 그들 자신을 해치게 하는 것이라는 것을 깨닫지 못한다. 우리는 그런 음성을 받아들여서는 안된다.

　하나님께서는 우리에게 좋은 것만을 원하신다는 것을 알아야 한다. 그리고 우리가 우리 자신을 돌보는 것을 원하신다. 반면에 사탄의 목표는 사람의 영혼과 몸을 파괴시키는 것에만 관심이 있다. 바울은 "너희 몸은 너희가 하나님께로부터 받은 바 너희 가운데 계신 성령의 전인 줄을 알지 못하느냐 너희는 너희 자신의 것이 아니라. 값으로 산 것이 되었으니 그런즉 너희 몸으로 하나님께 영광을 돌리라" (고린도전서 6:19~20).

　"그리스도의 평강이 너희 마음을 주장하게 하라 너희는 평강을 위하여 한 몸으로 부르심을 받았나니 너희는 또한 감사하는 자가 되라" (골로새서 3:15).

　우리는 우리자신을 돌보아야 한다. 만약 당신이 마귀의 음성을 듣고 자신에게 자해하며 고통을 주고 있다면, 회개를 하고 주님께 용서를 구하라. 사탄이 자해하라고 속삭여대며 유혹할 때, 예수님의 이름으로 그 사탄을 내쫓아라. 당신의 몸은 하나님의 것이다. 당신이 가진 모든 것은 주님의 것이며, 또한 당신은 하나님의 것을 파괴할 권리를 갖고 있지 않다. 당신의 몸, 마음, 영혼을 돌보고, 당신 자신을 사랑할 수 있도록 당신의 마음을 치유해 달라고 주님께 간구하라. 하나님이 당신을 사랑하는 것처럼 당신도 자신을 사랑해야 한다. 예수님은 당신을 위해서 십자가에 매달려 돌아가셨다. 당신의 몸은 주님께서 피흘리고 사신 것이므로 주님께 속한 것이다.

19. 모집의 영

사탄은 자기를 받들고 숭배하는 사람들을 모집하기 위해서 애쓴다. 우리는 하나님만을 섬기고 찬양해야 한다. 사탄은 사람들을 기만하고, 심지어 자기를 숭배하는 것에 예수님까지도 유혹하려고 시도를 했다.

"이르되 이 모든 권위와 그 영광을 내가 네게 주리라 이것은 내게 넘겨 준 것이므로 내가 원하는 자에게 주노라 그러므로 네가 만일 내게 절하면 다 네 것이 되리라" (누가복음 4:6~7).

자기를 숭배하게 하려하는 사탄의 술수에 예수님은 성경말씀을 적용해서 영적인 싸움에 이기셨다. "예수께서 대답하여 이르시되 기록된 바 주 너의 하나님께 경배하고 다만 그를 섬기라 하였느니라" (누가복음 4:8).

교도소에서 사무엘을 만났을 때, 그는 자신이 사탄숭배자였다고 나에게 말했다. 사탄은 그가 원하는 모든 것을 주겠다고 약속했다고 한다. 그러나 사탄을 따르는 것은 단지 그를 마약, 죄, 고통, 분노, 아픔, 그리고 교도소 수감으로 이끌었을 뿐이었다.

하나님이 그에게 회개하고 자신에게 돌아오라고 말씀하셨다. 사무엘은 회개하며 하나님께로 돌아갔고, 그의 고통과 아픔은 멈추었다. 그는 자신의 간증을 다른 사람과 나눔으로써 주님에 대한 강력한 증인이 되었다. 주님은 우리를 사랑하시며, 우리의 어떠한 잘못도 진정으로 회개하면 우리의 죄를 용서해 주신다. 이것이 사무엘이 그의 간증문에 적은 내용이다.

우리가 해야할 바는 회개로서 하나님의 용서를 구하는 것과 그분에게 돌아가는 것이다. "내 이름으로 일컫는 내 백성이 그들의 악한 길에서 떠나 스스로 낮추고 기도하여 내 얼굴을 찾으면 내가 하늘에서 듣고 그들의 죄를 사하고 그들의 땅을 고칠지라 이제 이 곳에서 하는 기도에 내가 눈을 들고 귀를 기울이리니" (역대하 7:14~15).

주님은 우리의 연약함을 너무도 잘 알고 계신다. 만약 우리가 죄에 빠졌더라도 회개하고 주님께 돌아가야 한다. 그러면 자비의 하나님께서 우리를 용서해 주시고 받아주실 것이다.

20. 떠돌아다니는 영

어느날 남편이 교회에서 성경공부를 주재하고 있었고 나는 새신자인 백끼와 함께 그 모임에 있었다. 모임이 끝나고, 백끼는 나에게 자신의 영이 먼 곳으로 가서 사람들을 가르칠 수 있다고 말하며 그 능력이 하나님께서 주신 것이라고 말했다.

매우 이상한 일이라고 생각하고 나는 조용히 그녀의 영적 경험이 누구에게부터 온 것인지를 하나님께 여쭈었다. 내가 기도하자마자, 우리가 있던 그곳을 무엇인가가 가득 채우는 듯한 느낌을 받았다. 그것은 강력한 마귀의 역사였고, 공기 중에 두꺼운 구름에 작은 검은 점들을 보고 느낄 수 있었다. 그런 것을 전에 경험해 본 적이 없었다. 온몸에 오한을 느끼며 마귀의 역사가 너무나 강력해서 그곳에 더 이상 머물고 싶지 않았다. 숨을 쉬면 그 검은 점 같은 것들이 공중에 떠다니는 것을 내가 들여 마시게 될 수 있다는 생각이 들어서 숨도 못 쉬기에 곧 그곳을 떠났다.

그녀가 사탄에 의해서 기만당하고 있음을 알게 되었다. 내가 이 이야기를 전화로만 들으시는 어머니도 영적인 공격을 느끼고 몸에 오한을 느낀다고 말씀하셨다. 어머니는 백끼에게 강력한 사탄이 역사하고 있다고 하셨다.

그날 밤, 꿈을 꾸었다. 두 그루의 나무는 인도에 있었고, 한 그루의 나무는 차도에 있었다. 자동차가 차도 위의 나무를 들이받으면 차와 나무 둘 다 치명을 입을 것이라 생각했다. 주님께 꿈에 관해 여쭈었다.

주님께서는 "내 딸아, 차도 위의 나무는 백끼를 나타낸다. 그녀의 힘의 원천은 사탄으로부터 나온 것이니라"고 말씀하셨다. 며칠 후, 백끼에 대한 다른 꿈을 꾸었다. 백끼는 서있었는데 그녀의 뒤에 서있던 몸집이 크고 키가 큰 사탄이 나를 공격하려고 두손을 들고 덤벼 들려고 하는 것이었다. 사탄에게 예수님의 이름으로 떠나가라고 했고 사탄은 물러났다. 나 자신의 힘으로는 싸움에서 이길 수 없다는 것을 안다. 하지만 내가 예수님께 의탁할 때, 영적 싸움에서 이길 수 있다.

하루는 백끼를 방문했을 때 성경 공부를 하자고 했다. 하지만 그녀는 자신이 성경공부에는 관심이 없다고 하면서 성경을 읽지 않아도 누구나 영적 체험을 할 수 있다고 말했다. 그녀의 초점은 영적 체험이었지 하나님 말씀이 아니었다. 나는 성경말씀을 배우는 것의 중요성을 더 알게 되었다. 성경말씀을 등한시하는 이들은 영적 전쟁에 대해서 무지하게 되고 사탄에 의해서 기만당하여 모든 영적인 체험이 하나님께로부터 온 것이라고 생각할 수가 있기 때문이다.

백끼는 자신이 치유의 은사를 받았으며, 다른 사람을 위해서 기도하기 원한다고 말했다. 하루는 백끼가 패리가 아프다는 말을 듣고 방문했다. 패리는 나의 영적 멘토로서 많은 도움을 준 여자였다. 백끼가 패리에게 손을 얹고 기도해 주려고 했을 때, 패리는 그녀의 손을 밀쳐내며 기도받는 것을 거부했다. 왜 패리가 그러는지를 이해하지 못했다. 백끼가 떠난 후, 패리는 백끼가 주님과 일하는 것이 아니고, 그릇된 영들하고 일하고 있다고 말했다.

이 교훈은 나에게 영적 분별력의 중요성을 가르쳐 주

었다. 패리는 영적인 분별력이 있었다. 우리의 영적 체험 뿐만 아니라 모든 것에 있어서 의심이 들 때, 하나님에게 분별력을 달라고 간구할 필요가 있다.

결론

영적 무지는 쓸데없는 두려움만을 안겨준다. 그것이 우리가 영적 전쟁이 무엇인지와, 그 전쟁에서 어떻게 승리할 수 있는 지를 알아야 할 필요가 있는 이유이다. 그래서 영적 전쟁을 대비함으로써 언제라도 전투에 대항할 태세를 갖추는 것이 필요하다.

어떻게 영적 공격에 대비할 수 있을까? 영적 전쟁에 대비하는 것은 다음의 것들과 연관되어 있다. 예수님이 어떤 분이신지를 아는 것과 그분의 사랑과 능력을 깨닫는 것이다. 우리의 힘으로는 영적 전쟁에서 승리할 수 없다. 승리는 오직 예수님의 능력과 그분의 이름에 의존하므로서 온다. 또 성경말씀을 공부해야 영적인 전쟁에 대비할 수 있다. 마귀가 성경을 왜곡할 때 성경을 모르면 무지해서 거짓말도 받아들일 수가 있다.

그리고 그리스도 안에서 당신이 누구인지를 알아야 한다. 인간으로써 우리는 약하다. 하지만 우리 주 예수 그리스도 안에서 우리는 강하다. 예수님이 이미 승리하셨기 때문이다. 우리는 그분의 승리를 기뻐하며 찬양해야 한다. 예수님이 십자가에서 이루신 일로 사탄은 이미 패한 것이다. 그래서 사탄을 두려워 할 필요가 없다. 다만 사탄에게 억눌리고 고통을 당하지 않도록 사탄이 어떻게 사람들을 공격하고 유혹하는 지를 알아 두어야 한다.

우리가 주님 안에서 강해지고 또한 경건한 삶을 통해서 사탄이 흔히 불러 일으키는 죄책감과 비난의 소리등으로부터 자유를 얻게된다. 하루하루를 온통 주님을 사랑하고 섬기는 것에 집중해야 하며 그 어떠한 것도 죄로 이르게 하는 것들에 시간 낭비를 해서는 안된다. 죄악적 삶은 사탄에게 문을 열어주어 우리를 공격하게 함으로서 죄책감에 빠지게 한다. 그럼에도 우리는 곧바로 회개와 하나님께 용서를 구하여 사탄의 비난과 고통마귀에게 공격당하지 않도록 해야 한다. 당신이 어떻게 악령들에게 대항해야 하는지에 준비를 하라. 내가 영적으로 공격당한다고 느낄 때 나는 아래와 같은 방법으로 물리쳤다.

- 예수님의 이름으로 사탄을 쫓아낸다.
- 다른 사람들의 구원을 위해서 기도한다.
- 내 사역에서 구원해야 할 사람들의 수를 늘린다. 그리고 주님께 그 일을 할 수 있도록 인도해 달라고 간구한다. 그 수는 지금 매우 많아졌다.
- 다른 사람들이 영적 전쟁에서 승리할 수 있도록 내가 배우고 알고 있는 것들을 알려주려고 노력한다.
- 주님께 내 주위를 천사들로 둘러싸 주시고 보호해 주시길 위해서 기도한다.
- 예수님의 사랑과 능력을 앎으로써 내가 강해질 수 있도록 항상 주님을 경배한다.
- 어떤 어려운 상황에서도 승리를 선언한다. 내 가족이 힘든 시기를 보낼 때, "내 가족이 주님께 충실하게 될 것임과 하나님이 그들을 인도하고 축복하실 것을 예수님의 이름으로 승리를 선언한다"라고 말한다. 그럼으로써 나의 주님과의 동행을 방해하는 걱정이나 기만의 악령을 위한 틈이 없도록 한다.

주님은 내가 그리스도의 병사임을 상기시키셨다. 기도 중에 주님께 어떤 찬송을 당신을 위해서 불러드려야 하는지를 여쭈었다. 지금까지 가장 많이 부르게 하신 곡은 "십자가 군병들아"이다.

십자가 군병들아

십자가 군병들아 주 위해 일어나
기 들고 앞서 나가 굳세게 싸워라
주께서 승전하고 영광을 얻도록
그 군대 거느리사 늘 이김 주시네

십자가 군병들아 주 위해 일어나
그 나팔 소리 듣고 곧 나가 싸워라
수없는 원수 앞에 주 따라 갈찌니
주 예수 힘을 주사 강하게 하시네

십자가 군병들아 주 위해 일어나
네 힘이 부족하니 주 권능 믿어라
복음의 갑주 입고 늘 기도하면서
너 맡은 자리에서 충성을 다하라

십자가 군병들아 주 위해 일어나
이 날에 접전하고 곧 개가 부르리
승전한 군사들은 영생을 얻으며
영광의 주와 함께 왕노릇 하리라

5장
영적 전쟁의 이야기들

1. "영적 투쟁과 승리" – 로드니 심슨 저

　나의 아버지는 술이나 마약에 취했을 때마다 나를 학대했다. 어머니가 결국 아버지를 떠났을 때, 나는 12살이었는데 그때부터 악몽에 시달렸다. 꿈에서 아버지는 우리를 찾아내서 살고 있는 집에 불을 질렀다.
　비록 그것이 꿈이었지만, 두려웠다. 그 전까지 우리는 교회에 나가지 않았고, 하나님을 믿지 않았다. 내가 꿈에 관해서 어머니에게 말씀드렸을 때, 어머니는 이일을 어떻게 수습해야 할지를 몰라 당황하시다가, 우리를 데리고 교회에 가셨다. 그러나 악몽은 계속 되었다.
　어느날 누군가가 나를 침대 밖으로 잡아 끄집어 내는 듯한 느낌과 함께 잠에서 깨었다. 내가 눈을 떴을 때, 사탄이 침대 발치에 앉아 있는 것을 보았다. 그는 짙은 노란색의 뿔을 가지고 있었고, 그의 눈은 짙은 붉은색이었다. 그리고 그의 몸은 검은색이었다.
　무서워서 소리지르며 어머니의 침실로 달려갔고 내가 본 것을 말했다. 어머니는 곧 내 방으로 달려 왔지만 사탄은 이미 사라졌다. 어머니는 내가 장난을 치는 것이라며 믿지 않았다.
　이틀 후, 같은 일이 또 일어났다. 자다가 악몽을 꾸었는데 잠에서 깨었을 때, 두 악령들을 보았다. 이번에 그들은 양쪽에서 각각 내 손을 잡고 끌어당겼다. 팔이 얼마나 아팠는지 나는 비명을 질렀다. 어머니는 나의 방으로 뛰어 들어오셨고, 그 악령들을 처음으로 보셨고 내가 한 말을 믿게 되었다.

어머니는 안방에 가서 묵주를 가져와, 기도하시며 예수님의 이름으로 사탄아 물러나라고 말씀하셨다. 그러자 악령들이 도망갔다. 다음날 저녁, 악령들이 다시 돌아왔다. 나는 아직 잠들지 않고 있었다.

"엄마, 그들이 다시 왔어요!" 나는 큰 소리를 질렀다.

어머니는 또 묵주를 가지고 내 방으로 뛰어 들어오셔서 예수님의 이름으로 떠나라고 사탄을 꾸짖으며 기도하셨다. 이번에는 그들이 아무 짓도 하지 않고 떠났다. 어머니는 내가 세례를 받아야 한다고 말씀하셨고, 세례를 받은 후부터는 그 악령들을 다시는 보지 않게 되었다.

내가 어렸을 적에, 할머니는 나에게 잠들기 전에 어떻게 기도하는 지를 알려주시곤했다. 하지만 그 때에는 내가 하나님을 믿는다는 것이 무엇인지를 이해하지 못했다. 그러나 이 경험은 나에게 하나님이 실존하시며, 사탄도 또한 실존한다는 것을 깨우치게 해주었다.

사탄이 나를 이용해서 다른 사람들에게 해를 끼치기를 원했다고 믿는다. 그것이 나의 아버지에게 일어났던 일이라고 믿는다. 그러나 오히려 그 경험을 통하여 나의 믿음은 매우 강해졌다. 우리가족에게 그런 일이 일어나기를 원치 않기 때문에 항상 교회에 가려고 하고, 나의 죄를 고백한다. 예수님은 우리를 도우실 수 있는 힘을 가지고 있기에 나는 모든 사람들에게 예수님을 믿으라고 격려한다.

2. "이상한 빛과 찌르는 사탄" - 어니 프레즈

나는 2011년 11월 22일에 콜로라도 아담스 카운티 교도소에 왔다. 그리고 내가 많은 나쁜 짓을 저질렀기 때문에 하나님께 내 안의 사탄을 쫓아내 달라고 간구하기 시작했다. 약 두달이 지난 어느날, 침대에 누워 있었는데, 빨강, 녹색, 파랑색의 둥근 모양을 한 마치 젤리피쉬처럼 생긴 물체를 느꼈다. 그렇게 생긴 것을 본 적이 없었다.

처음에 그것이 선한 영이나 수호천사라고 생각했다. 하지만 곧 그것이 아님을 깨닫게 되었다. 그것들은 전기불꽃처럼 작은 바늘의 형태로 뭉친 것처럼 보였다. 처음에 그것들은 그렇게 나빠 보이지 않았기 때문에 같이 놀기 시작했다.

"너희는 성령님이니? 나의 수호천사니?" 내 생각을 통해서 그들의 색깔을 바꿀 수 있었다. 하지만 단지 녹색, 빨강, 파랑색만 가능했다. 그들은 거품의 형태로 나에게 다가 오기도 했다. 나는 그것들이 "그래"라고 대답하는 것이라 생각했다.

그래서 그 물체를 더욱 더 신뢰하게 되었다. 하지만 내가 그것들과 더 자주 놀수록, 그것들은 더 짓궂어 졌다. 내가 기도를 끝마친 어느날, 감방 여기저기로 그물체를 쫓아다니기 시작했다. 처음에 라운드스피너를 부쳤고, 그 다음에는 선풍기처럼 수건을 돌리며 그것들을 쫓아 다녔다. 하지만 잡을 수가 없었다.

다음날 성경을 공부하는 크리스천인 내 친구들을 나의 감방으로 데려갔다. 그들과 같이 악령들을 떠나가라고 하면서 많은 성경말씀들을 읽었다. 하지만 변화는 없었다. 나는 두려웠고 내 정신이 나가는 것이 아닌가 걱정이 되어서 채플린을 뵙기를 요청했다.

릭목사님이 오셨고, 그분에게 그 동안에 일어난 일에 대해 말했다. 우리는 시편 23편과 에베소서 6장 10~20절의 하나님의 전신갑주에 관한 성경말씀으로 기도했다. 목사님은 나에게 그것들을 무시하고 같이 놀지 말라고 말씀하셔서서 그렇게 했다. 그것들은 전처럼 자주 나타나지는 않았으나 여전히 사라지지는 않았다. 그것들이 내가 하나님께 없애달라고 간구했던 바로 그 악령들이며, 그것들이 단지 갈 곳이 없었다고 생각하기 시작했다.

다른 사람들과 나는 내 감방에 성유를 바르고 기도했지만 그것들은 여전히 그곳에 있었다. 내가 기도를 하면 그것들은 엷은 안개같은 보라색으로 바뀌었고, 그것들이 없어진 듯 보였으나, 잠시 후 더 강해져서 돌아왔다.

나는 맥도날드목사님의 예배에 참석했고, 예배 중에 혼자 "목사님이 지금 영에 대해서 말씀하시는 것인가?"라고 생각했다. 목사님은 나와 하나님의 강력한 관계에 장애가 되는 장벽에 대해서 이야기하고 있었던 것이다. 나는 예배 중에 일어나 손을 들뻔 했다. 하지만 예배가 끝나기를 기다리기로 생각했다. 어떤 영이 무슨 짓을 하고 있는가를 보니 그것들은 엷은 빨강색과 보라색 안개의 모양으로 천장 가까이에 붙어 있었다.

예배 후, 나는 맥도날드목사님께 무슨 일이 나에게 일어났는 지를 말했고, 우리는 함께 앉아서 기도했다. 목사님은 나에게 암송할 성경말씀을 주었고, 내가 어떻게 지내는지를 알기 위해서 나를 때때로 방문할 수 있는 지를 물었다. 나는 "좋아요"라고 대답했다. 사실 나는 그렇게 물었을 때, 매우 기뻤다. 왜냐하면 나를 미쳤다고 여길 지도 모른다고 생각했었기 때문이었다.

하지만 그것은 사실이었다! 내가 그것들을 무시하면, 그것들은 내가 자신들에게 주의를 기울이지 않는다고 미쳐 날뛰었다. 내가 그것들을 무시하자, 점점 커져서 녹색의 불처럼 되었다. 그것들을 아는체 하면, 나의 얼굴로 다가 왔다. 10~20피트 거리에 있는 그들을 볼 수 있었고, 슬슬 그것들은 나에게로 다가와서 진한 녹색이 되었고, 그것들이 나의 주의를 끌기를 원한다는 것을 느낄 수 있었다. 그래서 그것들을 무시하기가 정말 힘들었다. 누워 있을 때 어떤 일들이 생기는 것을 느낄 수 있었다. 가슴에 압박을 느꼈고, 나의 심장은 느리게 뛰는 것처럼 느껴졌다. 때때로 심장이 정상적인 박자와 속도로 뛰는지 내 심박을 검사한다.

내가 처음으로 기도를 시작했을 때, 그것들은 나를 계속해서 공격했지만 항상 기도하고, 하나님께 도움을 청한 후에는 공격이 적어지기 시작했다. 기도의 영향이 크다는 것을 배우게 되었다.

"성령의 전신갑주"의 성경말씀으로 기도를 할 때 갑자기 한가지 생각이 들었다. 기도하는 동안 내가 그 영들이 무엇을 하나 하고 둘러 보았더니 내 주위에 거품 같은 무엇인가가 둘러싸고 있었다. 그것은 4인치 두께로 내 온몸을 감싸고 있었는데 성령의 전신갑주라는 생각이 들었다. 왜냐하면 그것이 나를 감싸고 있었을 때는 악령의 공격이 멈추었기 때문이었다. 그러나 내가 자는 동안에는 이 악령들이 공격하여 진을 다 뺐다. 잠에서 깨어나면 밤새 한잠도 못잔 것처럼 피곤했다. 내가 잠자는 동안은 그것들을 쫓을 수 없기 때문에 그들이 내가 잠들기를 원한다는 것을 알고 있었다. 내 얼굴에 달라붙은 영들을 느낄 수 있었다.

그래서 일어나서 가장 먼저 하는 일은 성경을 읽는 것이다. 내가 맥도날드 목사님의 조언에 따라 하나님이 주신 것과 가져가신 것 모든 것에 감사하는 마음을 가지기 시작한 후, 나의 몸은 가벼워지기 시작했다. 그런데 내가 나를 공격하는 영들에 관해서 쓸 때는 다시 나를 공격했다. 그것은 마치 바늘로 찌르는 듯한 느낌이었다.

어느날 밤, 성경을 읽은 후 잠자리에 들었고, 다음날 아침 일어나 샤워를 했다. 왼 팔에 약 4인치 길이의 상처를 발견했다. 몇일 후 잠에서 깨어 일어났을 때, 목 뒤쪽에 팔에 난 상처와 같은 크기의 상처가 생긴 것을 또 발견했다. 내무딘 손톱으로는 그런 상처를 낼수는 없는 일이었다. 이런 호된 시련을 통해서 영적 세계가 상상하는 것 이상으로 강력하다는 것을 알게 되었다.

오늘은 일요일이다. 지난 목요일, 나의 변호사가 와서 지역검사가 나의 세가지 사기기소의 형을 낮춰 주었다고 하여 깜짝 놀랐다. 기도의 힘이 얼마나 강력한가. 그리고 예수님께 그 모든 것에 빚을 졌다. 그리고 나의 삶에 임해 주심에 감사드렸다.

어느날, 몇몇 사람과 함께 내 감방에서 본 그 영들을 대적하며 하나님의 전신갑주로 무장하는 기도를 했다. 기도가 끝나갈 수록 나는 메스꺼움과 현기증이 나면서 기도를 방해받았다. 우리는 다른 성경말씀으로 기도를 계속했지만, 오직 영과 사탄에 관한 성경말씀에서만 그런 반응이 왔다.

지금 내가 맥도날드 목사님 앞에서 이 간증을 쓰고 있는 동안에도 내 오른 팔에 악령의 공격을 받아서 강한 고통을 받았다. 이런 현상은 악령에 관해서 말하거나 쓸 때 일어난다. 나에게 그렇게 공격하고 사람들에게 고통을 주고 있다는 사실을 다른 사람들에게 알리는 것을 원치 않기 때문이라고 생각한다. 이 원고를 읽는 중에도 악령들이 계속 공격을 했다. 그러나 기도로 싸우면서 읽었다.

나는 여전히 성경말씀의 도움으로 싸움을 계속하고 있었다. 그런데 믿음이 성장하면서 또 기도를 항상하면서 악령들이 아직도 보이지만 더 이상 나에게 공격을 하지 않는다. 하나님의 은혜와 능력이 나를 도운 것이다. 기도가 그렇게 강력할 수 있다는 것을 생각하지는 못했었다. 그러기에 당신이 이제 막 하나님을 알아가고 있다면, 기도를 계속하라. 왜냐하면 하나님은 실존하시기 때문이다.

3. "귀신들린 집" - 트레버 맥카티

육년 전, 나와 약혼녀는 두살 된 딸과 함께 콜로라도주 브라이튼시에 있는 집을 구입했다. 우리가 그 집으로 이사했을 때, 경제적으로 안정이 된 상태였고 모든 것이 잘되어 가고 있다고 생각했다. 그 당시 나는 교회에 다니지 않았다. 사실 나는 영적으로 민감한 사람이 아니다.

이사 후 세번째날 밤 꿈을 꾸었다. 나는 지하실에서 딸과 놀고 있었고, 그곳에는 우리가 노는 것을 지켜보는 한 남자아이가 있었다. 내가 그에게 아무런 관심도 보이지 않자 그는 매우 화가 난 듯 했다. 그리고 딸을 공격했다. 내가 그 꿈에서 깨어났을 때, 나는 숨막힘을 느꼈다. 숨을 쉴 수가 없었고, 나는 그것이 단지 악몽일 뿐이라고 생각했다. 무슨 일이 벌어질 지도 모른 채. 딸의 방은 우리방 바로 옆이었고, 가끔 딸은 잠에서 깨어 우리 침대로 오곤 했다.

어느날 밤, 딸의 비명소리에 잠에서 깼다. 내가 딸의 방으로 가보니, 내 어깨너머를 보며 "사라져, 나를 내버려 둬"라고 소리질렀다.

다음날 아침, 딸에게 지난 밤에 누구한테 이야기한 것인 지를 물었다. 딸은 나의 조카인 니콜이었다고 말했다. 그리고 매일 밤 그를 본다고 말했다. "하지만 어제 밤에는 그가 괴롭혔어"라고 딸이 말했다.

이 일이 있기 전, 딸아이가 자기 방에서 놀 때, 누군가와 이야기하는 것같이 보였었다. 단지 놀이를 한다고 생각했지만, 딸은 실제로 그 작은 소년을 보고 대화까지 한 것이었다.

상황은 악화되어 갔다. 나는 내 꿈과 내가 듣는 음성을 통해서 나와 접촉하려고 시도하는 그 작은 소년에 대한 여러가지 꿈을 꾸었다. 그는 나의 전적인 관심과 자기하고만 있기를 원했는데 나에게서 아버지와 같은 관계를 원하는 듯 했다. 그 음성과 그 아이를 밀어 내려고 시도했었지만, 그는 나보다 강했다. 그 기간 동안, 나는 매일 새벽 3시쯤 일어나서 그 소년을 느꼈고, 그를 보지 않고도 그의 생각을 알 수 있게 되었다.

그 음성은 계속해서 말했고, 나의 꿈속에까지 찾아 왔다. 그것은 마치 내가 온전히 그와 함께 있기만을 원하는 것 같았다. 그런 중 일을 하다가 등을 다쳐서 진통제를 복용하기 시작한 후로부터 나는 차츰 약물중독이 되어갔다.

그때까지 나는 자살충동이나 우울증을 가진 적이 없었다. 자살하고 싶은 마음이 없는데 무엇인가가 나를 그 방향으로 끌고 갔고 세 번이나 자살을 시도했다.

나의 약혼녀는 매우 걱정스러워 했고 나를 카톨릭 교회로 데려가 신부와 상담하게 했다. 나는 신부님에게 무슨 일이 벌어지고 있는 지를 말했다. 그분은 악령이 그렇게 할 수 있고 가정 파탄과 사람을 나쁜 중독에도 빠뜨릴 수도 있다고 말했다.

그는 내가 계속 그 음성을 듣게 되면 나의 몸과 마음이 곧 망가질 것이라고 말하며 우리 집을 축복해도 괜찮은지를 물었다. 그 제안에 동의했으나 신부님께 딸이 본 그 아이에 대해서는 말하지 않았다. 신부님이 우리 집에 도착해서 들어갈 때, 그는 집 안에서 악령의 존재를 느꼈다고 말했다. 그리고 그는 그 영을 볼 수 있다고 말했지만, 나는 처음에 그 말을 믿지 않았다. 그는 우리에게 한 작은 소년이 매우 화가나 있고 당황하고 있다고 말했다.

"그 소년이 어떻게 생겼는지를 말해주세요," 라고 나는 물었다.

"금발에 푸른 눈을 가진 약 6살쯤 되는 금색 덧옷과 격자무늬 셔츠를 입은 아이에요."

신부님이 묘사한 그 아이는 내 조카와 같은 나이와 머

리색에 눈 색깔을 가졌다. 내 조카는 멀리 살고 있었는데 왜 그 아이가 보이는지 정말 이해가 되지 않았다. 사실 신부님이 그 소년의 생김새를 말했을 때, 나는 안도감을 느꼈다. 그도 그 소년을 보았기에 내가 미치지 않았다는 것을 알 수 있었기 때문이었다.

나는 정말로 우리의 안전을 걱정했고, 그 악령이 나를 미치게 만들고, 처방약을 과용하도록 하거나 자살기도를 하도록 하지 않을까도 생각했다. 그 소년이 나를 몽땅 차지하려고 나를 자살로 이끄는 것이 아닌가 하고 느꼈다. 나는 그 소년에게서 깊은 슬픔을 느꼈다.

신부님은 우리 집을 축복하시고 떠나시면서 교회에 다녀보라고 충고하셨다. 약 일주일 동안 우리 집은 아무일 없이 평안해 졌으며 평소와 다름없었으므로 교회에 갈 필요가 없다고 생각해서 가지 않았다.

일주일 후 상황은 악화되었다. 나는 딸의 방에 비디오 레코더를 설치해서 밤에 일어나는 일을 촬영했다. 그 다음날 아침 우리는 촬영한 것을 보았다. 삼십분 정도가 지나자 우리는 흔들거리는 영상이 딸아이에게 접근해서 누군가가 앉는 것처럼 침대가 내려 앉는 것을 보았다. 딸아이의 장난감들은 살아 있는 것 같이 자기들끼리 놀았다. 설명이 불가능한 것들을 한시간 정도 본 후, 약혼녀는 딸아이를 데리고 그 집에서 떠나겠다고 하며 나에게 같이 가자고 했다.

그 제안을 여러가지 이유를 들어 거절했다. 나는 그 집에 머물렀고, 마치 온 집안에 평화로운 기운이 넘치는 듯 했다. 그 영이 마침내 나를 온전히 가진듯 행복해하는 것 같았다. 그러나 진통처방제에 대한 나의 중독과 우울증은 악화되었고, 결국 나는 집을 잃었으며, 약혼녀도 잃었다.

그후 나는 그 전 집주인들이 모두 같은 문제를 겪었다는 것을 들었다. 내가 그 집을 처분하고 떠나자 그 소년의 영과의 관계는 완전히 끊어졌다. 하늘에 계신 아버지로부터의 도움을 구하며 교회에 나가기 시작했다.

나의 삶은 점점 나아졌고 약물중독증을 이길 수 있을 정도로 머리는 맑아졌다. 3년간의 치료기간 후, 진통제 과용으로 자살할 것 같은 느낌이 들어서 그것도 끊어버렸다. 내 삶이 완전히 정상으로 돌아오는 데에 6개월이 더 걸렸고, 그 회복은 하나님의 손에 내 삶을 맡긴 후부터 시작되었다. 하나님께 의지하므로서 내가 사람들의 도움을 받아들이고, 우리 구원자이신 주님을 믿는 힘이 생기게 해주었다.

약물중독과 같은 힘든 시기에 빠질 때일수록 온전히 하나님 아버지께 매달리는 믿음과 가족의 도움이 필요하다. 사탄은 실제로 존재하며 그 음성과 말에 현혹된다면, 당신은 잘못된 길로 인도될 것이다.

만약 나의 구원자이신 주님이 아니었다면, 나는 자살을 했을 것이고, 나의 딸들은 아버지 없이 자랐을 것이다. 내 삶이 온전하게 된 것을 하늘에 계신 아버지께 감사드린다. 당신의 삶을 사랑하시는 주님께 맡겨라. 나는 교도소에서 출감하고난 뒤 중독자를 도와주는 미팅에 참석하며 나의 딸들과 함께 교회에 다니고 있다.

4. "음성" – 축복받은 에녹

나는 어렸을 때 기독교모임에 나갔다. 그리고 돌이켜 보면, 그 때가 즐거운 시절이었다. 나의 가족과 고모, 삼촌, 그리고 사촌형제들까지 그 미팅에 나갔다. 나의 어머니, 누나와 내 교회 친구들은 우리 집에 성경공부를 하기 위해서 모였다. 비록 내가 형제들 중 가장 어렸지만, 내 질문은 매우 진지하여, 성숙한 기독교인의 특별한 배려가 필요하다는 말을 들었다.

내가 십대 초반일 때, 나의 부모님은 부부문제가 있었다. 그일로 성경공부 모임은 중단 되었다. 나는 여자와 마약, 거리의 삶과 같은 것들에 관심을 가지기 시작했다. 나는 가족간의 충돌과 거리에서 인정을 받으려고 노력하는 사이에서 괴로워 했다. 나는 목적도 없이 방황했다. 이기심에 가득차서 불법적인 행동도 저질렀다. 18개월 동안 덴버 청소년수감시설에도 수감되었고 그곳에서 복수심에 불타고 있었다.

그러나 얼마가 지난후 교회에 참석해서 하나님과의 관계를 다시 맺기 시작했다. 성경을 매일 읽기 시작했고, 내가 받은 축복들을 되새겨 보았다. 거의 성인이 될 즈음, 미성년 시기에 내가 나쁜 영에 붙잡혔음을 깨닫게 되었다. 복수심과 분노의 속에 빠져 있었기 때문에 하나님의 은혜가 아니였다면 그 당시에 나는 아마도 성인 교도소에 갔을 것이다.

가석방 된 후 마약과 범죄의 삶을 끊을 것이라고 다짐했다. 어릴 때 나와 함께 공부했던 한 형과 함께 성경공부를 했다. 그는 내가 수감되어 있을 때에도 나에게 찾아와서 공부를 같이 했었다. 이것은 마약이 내 삶을 갉아먹기 전의 일들이다.

내가 그 성경공부를 그만두기로 결심한 후 예전의 삶으로 돌아가게 되었다. 다시 나는 도둑질, 암거래, 음주, 마약 등 여자, 그리고 폭력을 더 가하고자 하는 욕망에 불을 붙인 "Grand Theft Auto (위대한 차도둑)"이라는 플레이스테이션 게임을 했었다.

어느 할로윈 저녁에 가족, 친구들과 좋은 시간을 보내기 위해서 파티에 갔다. 내 마음 한켠에는 할로윈이 사탄을 숭배하는 날이라는 의미가 있다고 생각은 했지만 우리가 단지 즐기기 위해서 나온 것이지, 사탄을 위해서 나온 것은 아니라고 생각했다.

파티에서 우리 친구들은 건초더미와 다른 장식물이 있는 밖으로 나갔다. 그들은 카펫을 보호하기 위해서 바닥에 두꺼운 비닐을 깔았고, 공포를 느끼도록 그 위에 가짜피를 칠하고, 영화 텍사스 연쇄 톱살인사건처럼 꾸몄다. 밤이 깊어 갈수록 몇몇 무리들이 둥글게 모여 프리스타일 랩을 시작했고, 그 파티는 점점 더 많은 술과 마약과 범죄로 치달았다.

파티폭죽 같은 것이 터지는 소리를 들었다. 그 소리가 빨라지더니 철컥하는 소리가 났다. 그것은 총소리였다. 소동이 가라 앉은 후에 밖으로 나가보니 어려보이는 남자가 잔디밭에 죽어 누워 있었고, 다른 남자는 뒷마당에서 머리에 총을 겨눈 채 누워 있는 것을 보았다. 내 친구의 아버지도 총에 맞았고, 병원으로 후송되는 중이었다. 나는 "재밌네"라고 중얼거렸다. 그들은 내 나이 또래였고, 나도 그 총격에 죽었을 수도 있었던 것이다. 잠시 그 남자들의 가족을 생각했다. 이건 분명히 사탄의 짓이었다. 아이러니하게도 그 파티는 살인현장처럼 장식을 해 놓았는데 실제로 그렇게 끝이나 버렸다.

사실 그 파티 전에 하나님의 용서하심에 대한 확신과 축복을 기도했는데 그 기도가 완전하게 응답을 받지 못할 것이라고 생각하고 믿지 않았다. 그날밤 많은 것을 배웠다. 1994년 추수감사절 후 가장 끔찍한 가을밤이었다.

그 후 마음을 고쳐먹고, 더 이상 파티에 가지 않으려고 노력했다. 하지만 그것은 쉬운일이 아니었다. 술과 마약, 그리고 사탄의 세계로 여러차례 되돌아갔지만 결국, 하나님과 누이, 그리고 다른 사람들의 도움으로 나는 하나님의 인도하심을 삶에서 느끼기 시작했고, 성령님께서는 내가 그동안 느끼지 못했던 평안을 느끼도록 해 주셨다.

나는 세례를 받고 다른 이들에게 성경을 가르쳤다. 그것은 내게 평안함을 느끼게 도와 주었다. 다른 이들은 나를 우러러 보기 시작했고, 진정한 변화를 알아 차리게 되었다. 어떻게 그렇게 할 수 있었느냐는 질문을 받을 때, 나는 "모든 영광을 주님께 드립니다"라고 대답했다.

뒤돌아 보면, 그 10월의 저녁에 나는 사탄을 보았다. 이 적과의 전쟁은 끝나지 않았다. 나는 내 유일한 형의 비극적 죽음에 의해 약해진 나를 발견하게 되었다. 2008년 6월에 세례를 받고 한달도 채 지나지 않아서 나는 사탄의 각본에 따라 기도하는 것에 빠졌다. 마약과 술은 나의 타락에 주된 영향을 주었다. 주로 나의 수입원은 범죄를 통한 것이었다.

부정행위와 파티로 밤을 지샌 어느날, 깨어났을 때 공허함을 느끼어 기도하려 했지만 생각속에서만 맴돌뿐이었다. 이런 상태에서 금방 회복이 되질 않았다. 나의 마음은 폭력과 자살 생각들로 가득했다. 반평생 자살과 같은 정신적 문제를 가지고 있었기 때문에 어쨌든 모든 것을 끝내고 싶었다. 어떤 힘에 의해서 분노와 아픔과 두려움으로 정신공황상태가 되었다. 내가 왜 그렇게 나쁜 생각에 잡히게 되었는지 알 수 없었다.

내 머리속에 어떤 음성이 "죽여라. 살인해라. 네 고통을 다른 이들도 느끼게 해라"라고 말했다. 욕실에 숨었다. 그 음성이 어떤 이유로 또 어디에서 온 것인지 몰랐다. 아마 그 음성이 시킨대로 자살을 하려고 욕실로 들어 갔을 것이다. 거울을 쳐다보니 내 모습을 알아 볼 수도 없는 상태였다.

또 다시 "죽여라! 살인하라! 다른 이들을 괴롭혀라! 다른 사람들의 목숨을 빼앗아라! 그들에게 상처를 줘라"라는 음성만이 들렸다. 그리고 그 재촉은 점점 심해져 갔다. 내가 미친걸까? 내인생은 이렇게 끝나는 것인가? 그전에 나는 허리쪽에 자해를 한적이 있었다. 그때는 내안에서 무언가 자살을 막는 힘이 있었는데 지금은 완전히 무기력하여 죽은 것이나 같다는 생각이 들었다.

"끝내라." 내 눈에 비친 것은 분노나 아픔이 아닌 순수한 마귀였다. 성인의 이름을 부르며 기도하려고 애썼지만 무엇인가가 나를 조정하고 있어서 기도를 입으로 말할 수 없었다. 성인들의 이름을 마음에 새기려 했지만, 무엇인가가 그것을 방해하는 것이었다. 나의 생각들은 차가운 어둠속에 빠지고 나의 과거와 사악하고 이기적인 것들이 떠올랐다.

나는 "여호와여"하고 부르짖었다. "여호와여…" 나는 거울을 피해 머리를 오른쪽으로 돌렸다. 그 행동은 나의 의지에서 나온 것이 아니었다. 그리고 정적이 찾아 왔다. 악령의 존재와 같은 에너지가 나에게서 빠져 나가는 것을 느꼈다. 욕조 가장자리에 앉아 울기 시작했다. 혼란스러웠지만 기도하며 어머니께 전화드릴 힘을 낼 수 있었다. 말하기가 힘들었기 때문에 그저 울기만 했다.

어머니와 아버지에게 내가 평소에 우는 모습을 보여드리지 않았기에 그 상황이 비상 상황임을 아시고는 달려오셨다. 내가 마약으로 인해서 사탄에게 문을 연 것임을 알게 되었다. 몸을 움직일 수가 없었다. 신경을 진정시키기 위해서 담배를 피우려 했으나 손이 너무나 떨려서 계속해서 그것을 떨어뜨렸다. 내 팔과 손은 뒤로 묶인 것처럼 움직이기가 어려웠다.

나중에 얼마나 삶이 불공평한지와 얼마나 내가 죽고 싶었는지에 대해서 아버지께 격정적으로 쏟아냈다. 정신적 문제가 있으셨던 아버지는 나의 그런 태도와 행동에 무척 힘들어 하셨다.

일주일 후, 병원에 갔다. 며칠간의 요양을 하며 마약을 끊어야겠다고 생각을 하며 아직도 마음에선 영적 싸움을 끝내지 못하고 있었다. 이 일은 나의 어두운 과거를 닫고, 인생의 새로운 제2막을 열게 해 주었다. 우리 모두는 직면해야만 하는 심판이 있다. 찾으라. 그러면 찾을 것이다. 하나님께 가까이 가도록 성경을 읽으며 기도하라. 그러면 하나님이 당신을 가까이 하실 것이다.

첫째로 그 왕국을 찾고, 하나님과 예수님에 대한 진정한 믿음과 지혜를 구하라. 성경을 매일 읽고, 여호와를 부르는 것을 망설이지 말라. 하지만 성령님과 하나님의 살아계신 힘은 가둘 수 없다.

예수님이 가르쳐주신 "주 기도문"을 당신이 묵상할 수 있기를 바란다. "나라에 임하옵시며 뜻이 하늘에서 이루어진 것같이 땅에서도 이루어지리이다." 하나님은 당신이 평안해지는 것을 원하시고, 육체적, 영적, 경제적 등등의 어려움에 직면해 있는 당신을 이해하시고 도와 주실 것이다. 하나님은 우리 모두를 사랑하시고, 누구도 파괴되기를 원하지 않으시며 회개하고 영원한 삶에 도달할 수 있기를 바라신다.

5. "영적 통찰력" - 제임스 로저스

사탄은 많은 방법으로 우리를 공격하려고 한다. 대부분은 당신의 마음과 몸을 통하여 공격한다. 그들은 당신에게 하나님과 어느 누구도 당신을 돌보시지 않는다고 말할 지 모른다. 그들은 당신이 보기 원하지 않는 환상, 끔찍한 장면들과 당신이 원하지 않은 것들을 보여 줄 수도 있다. 보통 우리가 하나님의 길을 걸으며 안정감을 느낄 때, 사탄은 그것을 파괴하려고 한다.

어려움이 닥칠 때 우리는 "나는 하나님이 원하시는 일을 하고 있는데 왜 하나님은 이런 일이 벌어지게 내버려 두시는 걸까?"라고 생각할 수 있다. 나는 하나님과 우리의 관계가 식물의 성장과 비슷하다고 말하고 싶다. 물을 잘 주면, 건강하고 강해질 것이다. 주님과의 관계가 막 시작되었을 때, 그것은 단지 씨일 뿐이다. 씨앗은 자라기 위해서는 먼저 죽어야 한다. 우리 또한 그리스도를 영접할 때, 우리는 죄악으로 죽었다. (로마서 6:1~14). 하지만 그리스도를 통해서 살아났다.

하나님의 사랑으로부터 우리를 끊을 수 있는 것은 없다는 것을 깨우쳐라 (로마서 8:38~39). 우리가 한번 그러한 것들을 깨달으면, 우리는 하나님의 전신갑주를 매일 입을 수 있다 (에베소서 6:10~20).

하나님의 전신갑주를 입을 때 갖는 평안은 사탄의 공격으로부터 우리를 도울 것이다. 영적 전쟁은 우리가 죽을 때까지 끝나지 않는 전쟁이다. 그러나 하나님의 자녀로써 우리는 그런 공격에 겁낼 필요가 없다. (시편 91편). 하나님은 많은 축복 속에 당신과 함께 하실 것이다. 예수님의 이름으로 아멘. 또한 주님의 기도를 존중하라. "하늘에 계신 우리 아버지여…." (마태복음 6:9~13).

6. "수치의 영" – 디에나

나는 기독교 가정에서 자라났다. 부모님은 우리를 매주 교회에 데리고 갔으나, 일이 바쁠 땐 여동생과 나를 집에 혼자 두는 경우가 많았다. 내가 하나님에 대한 믿음이 생긴 것은 10살 때쯤 이었던 것으로 기억한다. 나의 믿음은 진실했으며 순수했다는 것을 안다. 그리고 하나님의 사랑을 기억한다.

나는 그 당시 성만찬식에서 가장 먼저 대답하는 아이였다. 긴장하긴 했으나 진심으로 성찬에 임했다. 다른 아이들이 나를 따라 성찬을 받았다. 그날은 주님이 나를 구원하신 날이기에 아름다운 기억으로 남아 있다. 그러나 시간이 흐를수록 하나님께로부터 눈을 돌려 유혹에 빠지기 시작했다. 게다가 나의 남편은 나와 아들을 돌보지 않왔다. 그는 8년이 지난 지금도 그러하다.

나는 알콜중독과 15년간 싸워 왔다. 지금 나는 30살이다. 처음에는 재미로 술을 마시는 것에서 시작했다. 그리고 어떤 것들을 잊기 위해서, 과거의 아픔에서 살아남기 위해서, 그후에는 단지 살아남기 위해서 술을 마셨다. 하지만 음주는 당신의 가장 소중한 사람과의 관계를 망치며 자포자기로 이끈다.

"서둘러, 가게가 문 닫기 전에 빨리 가." 혹은 "다른 사람이 네가 어디 가는 지를 보기 전에 빨리 서둘러.", "후회하기 전에 빨리 서둘러" 등과 같은 재촉하는 음성을 들으며 술을 파는 가게로 가는 나 자신을 발견한 적이 많다.

"가지마. 후회하게 될거야. 자신과 가족에게 상처를 입히지 마"라는 생각도 했다. 나는 단지 아픈 생각들을 잊고 싶었을 뿐이다. 술로 달래려고 했었지만 그것은 잠시 지속될 뿐이었다. 아침이면 그 아픔이 다시 생겼다. 나의 생각을 접고 술에 빠지는 것은 쉬운 일이다. 그건 빠른 해결책일뿐 문제는 계속되었다.

그런 재촉하는 생각들로부터 나의 마음을 정화시켜 달라고 주님께 간구하기 시작했다. 그런 생각들과 계속해서 싸우면서 주님께 나를 도와 달라고 기도했다. 처음에 내가 성경이나 기독교서적을 읽을 때, 내가 술취했을 때 저지른 모든 것 때문에 죄책감과 부끄러움을 느꼈다. 숨고 싶고, 사라지고 싶고 도망치고 싶었지만 하나님은 지속적으로 나를 치유하시고 바꾸셨다.

내가 영적 전쟁의 책을 읽을 때, 그 이야기에 집중하려고 노력했다. 하지만 두려움과 혼란의 영이 나를 공격했다. 하나님의 말씀과 메세지를 받으려 할 때가 가장 공격이 심했다. 나는 무엇을 읽고 있는 것인지조차 몰랐고, 내가 방금 읽은 것을 다 잊어버리게 했다. 때때로 성경을 읽을 때, 죄책감을 느끼며 성경읽기를 그만두고 싶어질 때도 있었다. 기도할 때에도 같은 일이 일어났다. 왜냐하면 내가 죄책감이나 부끄러움을 느끼는 것들로부터 도망치고 싶었기 때문이다. 나는 과거에 내가 저지른 실수와 어리석은 짓들에 대한 기억으로 가끔은 수치심, 죄책감, 혼란이 나에게 극심한 두려움을 주어서 싸워야 했다. 나를 인도하신 하늘에 계신 아버지와 목사님께 감사드린다.

나는 큰 소리로 기도하는 것과 사탄을 꾸짖는 것으로 싸우고 있다. 또한 회개를 통해 용서를 구했다. 그것이 바로 내가 성경을 공부하고 기도하기를 원할 때마다 싸워온 방법이다.

주님으로부터 나를 떼어 놓는 것이 바로 사탄의 일이다. 예수님이 내 편이기에 계속해서 싸워 주실 것이다. 성경이나 목사님이 쓰신 책을 더 많이 읽으려 하면 할 수록, 수치심, 죄책감과 같은 영들에 의해서 계속 공격을 받는다. 가끔은 극심한 두려움을 느껴서 읽는 것을 중단할 때도 있다.

그러나 이제는 읽기 전에 기도하는 것으로써 그런 두려움에서 벗어난다. 하나님께 내 마음을 정화시켜주실 것과 성경을 더 많이 읽고자 하는 열망을 달라고 간구했다. 주님의 도우심으로 성경을 열심히 읽게 되었다. 나는 악한 영들에게서 자유함을 얻기 위해서 계속 기도했다. 서서히 마음이 안정되고 맑아지며 많은 부정적인 생각들이 사라져 갔다.

주님을 경배한다. 하나님은 전능하시다. 내가 성경을 읽을 때, 더 잘 이해할 수 있게 해달라고 기도드린다. 나는 이제 하나님의 음성을 더 잘 들을 수 있는 분별력이 생겼다. 비록 내가 여전히 부정적 기억과 생각들과 싸우고는 있지만 점차 더 쉬워지고 있다.

하늘에 계신 아버지가 나를 용서하신 것을 믿는다. 처음에 그런 긍정적인 생각들을 받아 들이지 않았고 세속적인 책들을 읽었다. 하지만 나는 내 영혼을 돌볼 필요가 있었다. 나에게 귀 기울이시고 도우신 하나님께 감사드린다. 성령님을 통해서 내 가족과 부모님을 돕는 미래의 내 모습을 볼 수 있다. 그래서 나는 주님께 감사를 드린다. 가족과 친구들을 위한 희망을 가질 수 있게 해 주심에 감사드린다. 하나님에 대한 믿음을 버리지 말라. 그분은 어떤 상황에서도 당신을 치유하실 수 있다.

7. "편집증" – 조지 메들리

판사는 나를 감옥에 보내는 것으로 호의를 베풀었다. 그것은 나의 삶을 파괴의 삶에서 구했다. 내가 감옥에 가기 전에는 심한 편집증을 가지고 있었고 악한 영의 모습을 보고, 듣고, 느낄 수 있었다. 코캐인을 흡입 할 때, 사탄이 나에게 말한 것을 희미하게나마 기억한다. "내가 이제 널 가졌어."

마약은 사탄에게 내 마음을 여는 것이라는 것을 배우게 되었다. 한번은 내가 환각제를 복용하려고 욕실로 갔었는데 사탄이 변기에서 나를 향해 나오는 것을 보았다. 예수님의 초상화를 쳐다 보았지만 사탄에게로 눈을 돌렸다. 나는 계속해서 두려움에 지옥과 다름 없는 삶을 살며 아무도 믿지 않았다. 항상 강도에게 당할 것이며, 체포되고, 살해당하고, 배신당하는 위험에 처할 것이며 경찰특공대가 나를 지켜보고 미행한다고 생각했다. 가끔 자살하고 싶은 마음으로 무척 괴로와 했다.

삶의 변화에 대한 욕구는 감옥에서 예수님을 영접하라는 내용의 한 전도지를 집어든 후에 생겼다. 예수님을 나의 주님으로 영접하고 사탄 대신 주님을 섬기기로 결심했다. 여러번 하나님께 중독을 떨쳐낼 수 있게 해 달라고 울며 간청했다. 마약을 끊으려고 수차례 시도했다. 그것은 아주 긴 과정이었다. 교회에 갔지만, 코캐인을 흡입하기 위해 화장실로 가곤 했다. 교회 예배만으로는 나의 습관을 끊을 수가 없었던 것이었다. 교회에 가기 전에 코캐인을 했으며 내가 도주 중일 때조차도 하나님의 환심을 사기 위하여 마약에 물든 돈을 헌금함에 넣기도 했다.

그러나 마침내 술과 마약을 끊고, 주님을 섬기기로 다짐했을 때, 사탄의 괴롭힘은 멈췄다. 술과 마약은 사탄의 길로 가는 지름길임을 안다. 내가 ABC사역을 시작한 후로는 그렇게 오랜 기간동안 마약을 하는 것에 내 인생을 낭비한 것을 후회한다. 나는 지금 평안과 기쁨을 누리고 있으며 그것이 주님으로부터 온 것임을 알고 있다.

8. "천국의 비젼" - 리키 라마

나는 독방에 있었고 마치 한밤중같이 느껴졌다. 하루 종일 이미 세상을 떠난 내 딸과 쌍둥이 동생의 환영을 보았다. 나는 자살충동에 깊이 빠져 있었고 그냥 죽고만 싶었다. 형과 딸의 초상화를 바라보았고, 다시 울기시작했다. 눈물이 앞을가려 제대로 볼 수가 없었다.

몸이 굳어짐을 느끼며 다시 한번 "하나님, 도와 주세요. 이 고통을 끝내 주세요"라고 빌었다. 그러나 죽은 형과 잔인하게 폭행당한 딸의 환상은 끝나지 않았다. 내 딸은 일곱살에 납치당해서 성폭행을 당하고 살해되었다. 그 아이를 보호하지 못했다는 음성을 오랫동안 들었고 나는 내가 미쳐간다고 생각했다.

간수가 와서 물었다. "괜찮아요?"

"네, 괜찮아요." 나는 기도하며 말했다. 초상화를 붙잡고 끝도 없는 눈물을 흘렸다. 자살방지치료를 받기조차 거부했다. 독방에서 3개월을 더 있으면서 나는 얼마나 자신을 미워하고 있는가를 알게 되었다. 그래서 독방에 있는 것이 고통이었다. 그 초상화를 쳐다볼 때마다 하나님의 자비를 구하는 기도를 했다. 그러자 그 초상화의 딸과 동생 그리고 나의 영적인 멘토였던 가장 친한 친구가 천국에서 평화롭고 행복해하는 모습으로 바뀌었다.

마치 그 초상화는 살아 움직이는 것 같았다. 내 딸이 "그만 울어요. 아빠!"라고 말했고, 동생은 "우린 여기에 영원히 살거야"라고 말했다. 그리고 나의 멘토는 "우린 아무 곳으로도 가지 않을 거야. 네가 여기에 오면 우리 모두 보게 될거야"라고 말했다.

나는 웃으며 내가 그들 모두를 많이 그리워한다고 말했다.

"이봐, 특수대가 길을 인도해야 하는 거야." 동생은 말했다. "네가 얼마나 좋은 사람인지를 세상에 보여줘. 영혼은 영원히 살아."

딸은 웃으며 말했다. "아빠, 아빠 사랑해요!" 그 순간 마치 딸아이의 조그만 팔이 나를 안아 주는 것 같은 느낌이었다. 나에게 안녕이라고 말했고, 그 초상화는 원래의 모습으로 바뀌었다.

이 일이 있은 후, 독방에서의 시간이 훨씬 쉬워졌다. 사실 모든 것이 바뀌었고, 만약 당신이 나를 보았다면 당신도 그렇게 말했을 것이다. 나는 자주 웃기 시작하며 삶을 즐기게 되었다. 우리에게 있는 장벽들은 그대로 있다. 우리는 여기에 있고, 그들은 저 세상에 있고 그 사실을 바꿀 수가 없다. 왜 죽은 이들에 대해서 애통해 하는가? 그들은 지금 그들이 있는 곳에서 행복해 한다.

세상은 감옥의 안이든 밖이든 일시적인 것이다. 그런데 왜 그런 것에 걱정을 하는가? 성령님은 나를 완전히 새롭게 하셨다. 나 자신 뿐 아니라 세상에 관한 관념도 바꾸신 것이다. 이런 변화는 내가 한달반 동안 독방에 있는 동안에 일어났다. 그것이 설령 꿈이었다 하더라도, 그것은 나의 삶을 바꾸었다. 우리는 삶에 대해서 아버지께 감사하고, 어려움이 있을지라도 그분께 분노를 품지 말아야 한다. 나는 더 이상 내가 동생과 딸을 구했어야 한다는 음성을 다시는 듣지 않았다. 나는 이 모든 것을 병원치료 없이 해냈다. 그것은 나의 가장 큰 축복이었고 악몽에서도 해방이 되어 이제는 잠도 잘잔다. 하나님께 무릎을 꿇고 기도했고 내가 용서받았으며 순결하다는 느낌을 받게 되었다.

알림: 이 이야기는 「길고 험한 길, 미육군특수대 리키의 회상」(*The Long Hard Rod, U.S. Army Ranger Ricky's Story with Reflections*) 저자: 리키 라마" 라는 책에 출간되었다.

9. "천사와 마귀" – 모니카 발데즈

나는 아담스 카운티 교도소에 2006년 7월에 왔고 울면서 주님께 기도하기 시작했다. 처음으로 하나님의 사랑을 느꼈지만 나중에 부속진료실로 내려간 것에 대해 매우 화가났고 우울해 졌다.

그런데 얼마 후에 악령들이 나를 둘러싸고 있는 것을 느꼈고 두려움에 가득 찼다. 내 믿음을 파괴하기 위해서 보내진 사탄도 보았다. 이 상태에 이르자 내가 제정신인지 아닌지 모를 정도였다. 의사는 그건 내 머리의 문제이거나 내가 복용한 약에 대한 반응일 수도 있다고 했다.

주님이 나의 의사이며 그분만이 나를 도울 수 있다는 것을 알게 되었다. 또 영적인 공격을 받는 것이 저주라는 것과 그것이 얼마나 실제적인 것인지를 알게 되었다. 사탄은 내가 제 정신인지를 의심하게 유혹했고, 내 믿음이 얼마나 약한지를 깨닫게 함으로써 고통을 느끼게 했다.

나는 그런 공격에 매우 무력했고 사탄은 나를 15년간

하수인으로 삼았다. 그 악령들은 나에게 용서받을 수 없다고 속삭이며 내가 아이들과 떨어져 할머니와 있도록 한 것에 대해 죄책감을 느끼도록 만들었다. 나는 그의 덫에 걸렸으나 주님은 완벽한 타이밍에 개입하셨다. 나의 잘못을 깨닫고 용서를 빌었다. 하나님 아버지에 대한 믿음과 사랑이 자라기 시작했다.

지금은 모든 사람들에게 하나님은 실존하신다는 것을 말할 수 있다. 그것은 삶과 죽음의 문제이다. 우리 아버지 하나님, 예수님, 그리고 성령님은 이 세상에서 유일하신 분이시다. 그러므로 사탄에 의해서 죄악에 빠지거나 조정 당하지 말라.

나는 믿음이나 예수님에 대해서는 어린아이일 뿐이었다. 하지만 내가 멕시멈세인트 책과 성경을 더 많이 읽을 수록, 더 잘 이해할 수 있었다. 나는 응답을 받은 것이다. 하나님께 무엇을 해야 하는지를 여쭈었다.

"삶을 바꾸어라. 때가 되었느니라. 너 자신과 네가 할 수 있는 만큼의 사람들을 구원하라."

꿈에서 영적인 세상을 경험하지만 한편으로는 두렵기도 하다. 나는 꿈속 뿐만아니라 내 방에서도 천사들을 본다. 그들은 내가 본 것 중에서 가장 아름답고도 놀라운 모습이다. 하나님과 예수님은 살아계시고 나에게 수호천사를 보내셔서 나의 눈을 뜨게 하셨다.

내가 계획한 것이 아니라 하나님이 계획하신 것이다. 새사람으로 바뀐 내 모습을 보는 자체가 주님을 믿는 계기가 된 것이었다. 이 글을 쓰는 지금도 내 곁에는 천사가 있다. 나는 내가 보는 것을 다른 사람들이 볼 수 있기를 희망한다.

큰 천사가 작은 천사의 손을 잡고 있다. 나는 그에게 그들을 가까이서 볼 수 있는 지를 물었고, 그들은 좋다고 말했다. 왜 하나님께서 나같은 사람에게 그런 경험을 하게 하셨는지 모르지만 정말 큰 축복인 것이다.

　나는 추수철의 일꾼으로, 또한 하나님 자녀들의 자매로 하나님이 나를 사용할 것임을 알고 있다. 하나님은 많은 문들을 열고 계시며, 이미 그렇게 하셨다. 그것이 내가 사는 이유이다. 주님은 날 위해 이런일을 체험하게 하시어 놀라운 것들을 간증하고 전할 수 있게 하셨다. 나의 간증을 통해서 많은 이들이 구원을 받을 수 있다는 것을 알고 있다.

　천국과 지옥이 있다. 사탄과 그 추종자들은 하나님의 사랑에 비할 수 없다. 대신 그들은 어둠속에서 살고 있다. 그들은 숨어서 공격하며, 또한 그들은 가능한 많이 사람들을 공격하려 한다. 그들은 가능한 많은 것을 파괴하기 위해서 애쓴다.

　제발 당신과 가족, 모르는 이, 친구, 그외 당신과 연관된 모든 이들의 영혼을 구원하도록 기도하라. 단지 그들에게 예수님에 대해서 말해주고 기도하라. 그리하여 모든 영혼들이 희망이 없는 영원한 고통과 사망의 감옥에 갇히지 않게 도와주기를 권고한다. 나는 나 자신과 다른 이들의 고뇌와 슬픔을 동시에 느낄 수 있다.

　내 삶의 중요한 날이 2008년 6월 10일이다. 내 삶이 바뀐 지 삼주째이다. 어떤 이는 믿고, 어떤 이는 믿지 않는다. 어떤 이는 내가 미쳤다고 생각하고, 어떤 이는 그것이 매우 훌륭하다고 생각한다.

　첫번째로, 내가 본 것은 천사이다. 그뿐아니라 하나님은 내 눈앞에서 내 영혼을 지키려는 천사와 악령의 전투를 볼 수 있도록 내 눈을 뜨게 하셨다. 악령들이 내 영혼을 가질 수 있다는 생각에 겁에 질리기도 했다.

　"주님, 제가 해야 할 일을 보여주세요. 그리고 저의 삶을 주님이 원하시는 대로 변화하게 도와 주세요. 전 아직 당신의 사랑에 생소합니다. 제발 주님, 전 당신이 필요합니다. 적들로부터 저를 보호해 주세요."

그런 영적 축복을 받은 것의 증인으로 선택 받은 것에 매우 감사한다. 모든 이들에게 주님의 권세의 증인이 되는 것이 무엇을 의미하는 지를 말할 것이다. 하나님은 내가 공격받을 때, 나를 위해서 수호천사를 보내 주셨다. 그래서 나는 더 이상 두려워하지 않는다. 나는 그러한 아름다운 존재가 단지 몇몇 사람이 아닌 모두에게 보내진 것을 보았다. 나는 단지 내가 전에 허비한 것을 알고 이제는 주님과 시간을 보내며 감사드린다.

"아버지, 저를 용서하세요. 당신이 나를 용서하시며 사랑으로써 축복해 주신 것을 알고 있습니다. 감사드립니다. 주님, 당신은 저를 추수꾼으로 부르셨어요. 전 당신이 원하는 모든 것을 하겠습니다. 나는 하나님을 위해서 저의 모든 것을 사용하도록 노력하겠습니다."

나는 내가 가치가 없다고 항상 느껴왔고, 희망이 없는 삶에 지쳤었다. 하지만 나는 더 이상 그런 생각은 없다.

"하나님, 제가 인생을 바꾸었다는 것을 가족들에게 보여 줄 수 있는 마지막 기회를 잃지 않게 해주세요. 예수님, 당신께 영광을 바칩니다. 당신은 저를 치유하셨고, 전 당신 없이는 아무것도 아닙니다. 제 얼굴에서 그것을 보시지 않으세요?"

알림: 이 이야기는 「최고의 성인들의 꿈」 (*Maximum Saints Dream*)에 출간되었다.

6장
영적 전쟁에서 어떻게 승리하는가?

베드로는 악한 영과 어떻게 싸우는 지를 알려 주었다. 그는 "근신하라 깨어라 너희 대적 마귀가 우는 사자 같이 두루 다니며 삼킬 자를 찾나니 너희는 믿음을 굳건하게 하여 그를 대적하라 이는 세상에 있는 너희 형제들도 동일한 고난을 당하는 줄을 앎이라" (베드로전서 5:8~9).

사탄에 저항하고, 믿음으로 굳건히 서라. 이것이 영적 공격에 대한 처방이다. 만약 어떤 이가 자신이 공격당하고 있다는 것을 모른다면, 그는 무엇을 할 지 혹은 어떻게 싸울 지를 모를 것이다. 영적 분별함의 은사를 받은 이들은 어디서 그런 음성, 환상, 아픔, 고통이 오는 지를 이해한다.

만약 그가 믿음을 가진 자라면, 그는 예수님의 이름으로 사탄에 대항할 수 있고, 죄에 빠진 후라도 고통으로부터 자유로워질 수 있다. 이 치유함과 자유함은 하나의 과정이다. 믿음을 굳건히 하는 것은 영적 훈련과 사고방식의 변화, 그리고 삶의 방식 전환을 필요로 한다. 그것이 베드로가 근신하라고 말한 이유이다. 만약 당신이 악몽, 괴롭히는 음성, 환상, 아픔을 겪을 때, 당신의 믿음이 강해지고, 영적으로 강해지는 것이 필요하기에 영적 치유함은 점진적으로 진행될 수 있다.

종종 당신은 거짓을 받아들일 수도 있다. 그래서 당신은 하나님의 말씀을 따라 당신 생각의 방식을 바꾸는 것이 필요하다. 당신이 의학적으로 설명할 수 없는 아픔을 겪는다면, 당신은 아마도 사탄의 영으로부터 고통을 당하는 것일지도 모른다. 영적 공격으로부터 치유함을 찾을 수 있는 단계를 소개한다.

1. 당신 마음에 예수님을 초대하라.

당신은 혼자서 영적 전쟁에서 승리할 수 없다. 나는 어떤 것도 두려워하지 않는 거친 사람들을 많이 만났다. 하지만 그들은 악몽, 괴롭히는 음성, 상처주는 환상, 그리고 영적 공격에 두려움을 가졌다. 당신은 자신의 한계를 깨달을 필요가 있다.

예수님은 "나는 포도나무요 너희는 가지라 그가 내 안에, 내가 그 안에 거하면 사람이 열매를 많이 맺나니 나를 떠나서는 너희가 아무 것도 할 수 없음이라" (요한복음 15:5)라고 말씀하셨다. 영적 전쟁에서 승리하려면 예수님의 도움이 절대적으로 필요하다. 당신이 예수님을 당신의 주님이자 구원자로 영접하지 않았다면, 여기에 그리스도를 영접하는 기도문이 있다.

기도: "주 예수님, 저는 당신을 내 마음에 초대합니다. 오셔서 저의 삶을 맡아주시고, 당신의 사랑과 성령님에 대해서 알려 주세요. 저는 죄인입니다. 저를 용서해 주세요. 저의 당신을 향한 사랑과 섬김 속에서 당신의 지혜, 평안, 기쁨으로 저를 축복해 주세요. 성령님, 저를 인도하사 제가 예수님께 초점을 두는 삶을 살며 저의 생각과 마음이 치유 받도록 도와 주세요."

2. 기도하며 하나님께 도우심을 간구하라.

기도는 우리가 겸손하게 하나님의 도움이 필요하다고 말하는 것이다. "그러나 더욱 큰 은혜를 주시나니 그러므로 일렀으되 하나님이 교만한 자를 물리치시고 겸손한 자에게 은혜를 주신다 하였느니라 그런즉 너희는 하나님께 복종할지어다 마귀를 대적하라 그리하면 너희를 피하리라" (야고보서 4:6~7).

기도: "주 예수님, 모든 악한 영으로부터 저를 해방시켜 주세요. 저를 천사들로 둘러싸 주시고, 악한 영의 공격에서 보호해 주세요. 제가 평안과 힘을 가질 수 있도록 도와 주세요. 주 예수님 당신의 피로 저를 덮어 주시고, 해롭고 악한 모든 영으로부터 저를 지켜 주세요."

주기도문으로 기도하는 것을 시작하고, "악에서 저를 구해 주세요"를 되풀이 하라. 그리고 주님께 평안의 마음을 달라고 간구하라. 성경말씀을 묵상하고, 당신이 평온해질 때까지 기도하라.

3. 예수님의 이름으로 사탄을 꾸짖어 떠나게 하라.

만약 당신이 예수님을 믿는다면, 당신은 사탄을 내쫓을 권위를 갖고 있다. 예수님은 자신을 따르는 자들에게 영적인 능력을 주셨다. 예수님은 제자들이 영적 전쟁 중임을 알고 계셨고, 그것이 예수님이 제자들에게 처음으로 가르치신 일이다.

"예수께서 열두 제자를 불러 모으사 모든 귀신을 제어하며 병을 고치는 능력과 권위를 주시고" (누가복음 9:1).

"칠십 인이 기뻐하며 돌아와 이르되 주여 주의 이름이면 귀신들도 우리에게 항복하더이다 예수께서 이르시되 사탄이 하늘로부터 번개 같이 떨어지는 것을 내가 보았노라. 내가 너희에게 뱀과 전갈을 밟으며 원수의 모든 능력을 제어할 권능을 주었으니 너희를 해칠 자가 결코 없으리라. 그러나 귀신들이 너희에게 항복하는 것으로 기뻐하지 말고 너희 이름이 하늘에 기록된 것으로 기뻐하라 하시니라" (누가복음 10:17~20). 당신이 악한 영으로부터 공격당함을 느낄 때마다 "예수님의 이름으로 떠나라. 나는 하나님의 자녀이다"라고 말하고 마귀를 꾸짖어라.

4. 성경읽기를 시작하라.

복음서를 읽고 예수님에 대해서 배워라. 마태, 마가, 누가, 요한복음은 당신이 예수님이 누구신지에 대해서 알고, 이해하도록 도울 것이다. 하나님이 당신에게 무엇을 말씀하시는 지를 이해하기 위해서 성경을 읽으라. 하나님을 사랑하며 그분을 위해서 선한 싸움을 싸우는 영적인 승리의 병사가 되라. 하나님의 말씀은 영적 힘을 가지고 있다. 당신이 성경을 많이 읽으면 읽을수록 당신은 사탄의 거짓말과 싸우는 법을 알게 되고, 영적인 이해력을 통해서 강해질 것이다. 예수님은 하나님의 말씀으로 영적 공격에서 승리하셨고, 당신도 그렇게 할수있다.

"아이들아 내가 너희에게 쓴 것은 너희가 아버지를 알았음이요 아비들아 내가 너희에게 쓴 것은 너희가 태초부터 계신 이를 알았음이요 청년들아 내가 너희에게 쓴 것은 너희가 강하고 하나님의 말씀이 너희 안에 거하시며 너희가 흉악한 자를 이기었음이라" (요한1서 2:14).

"그러므로 하나님의 전신 갑주를 취하라 이는 악한 날에 너희가 능히 대적하고 모든 일을 행한 후에 서기 위함이라 그런즉 서서 진리로 너희 허리 띠를 띠고 의의 호심경을 붙이고. 평안의 복음이 준비한 것으로 신을 신고 모든 것 위에 믿음의 방패를 가지고 이로써 능히 악한 자의 모든 불화살을 소멸하고 구원의 투구와 성령의 검 곧 하나님의 말씀을 가지라" (에베소서 6:13~17).

기도: "주 예수님, 내가 당신께 순종할 수 있도록 성경을 이해할 수 있는 성령님의 지혜로 저를 축복해 주세요."

5. 당신의 죄를 하나하나 회개하라.

이 전쟁은 당신의 삶에서 많은 영역을 바꾸기 시작해야 하기 때문에 쉽지 않다. 예를 들면, 당신을 포함한 모든 사람을 용서하기와 같은 영역이다. 성령님께 당신의 모든 죄를 회개할 수 있도록 도와 달라고 간구하라. 용서를 구한 후, 하나님께서 당신을 용서하셨다는 것을 믿어라. 회개를 하지 않을 때 사탄이 우리를 괴롭게 만든다.

바울은 "그러므로 내가 이것을 말하며 주 안에서 증언하노니 이제부터 너희는 이방인이 그 마음의 허망한 것으로 행함 같이 행하지 말라 그들의 총명이 어두워지고 그들 가운데 있는 무지함과 그들의 마음이 굳어짐으로 말미암아 하나님의 생명에서 떠나 있도다 그들이 감각 없는 자가 되어 자신을 방탕에 방임하여 모든 더러운 것을 욕심으로 행하되 오직 너희는 그리스도를 그같이 배우지 아니하였느니라 진리가 예수 안에 있는 것 같이 너희가 참으로 그에게서 듣고 또한 그안에서 가르침을 받았을진대 너희는 유혹의 욕심을 따라 썩어져가는 구습을 따르는 옛 사람을 벗어 버리고 오직 너희의 심령이 새롭게 되어 하나님을 따라 의와 진리의 거룩함으로 지으심을 받은 새 사람을 입으라 그런즉 거짓을 버리고 각각 그 이웃과 더불어 참된 것을 말하라 이는 우리가 서로 지체가 됨이라 분을 내어도 죄를 짓지 말며 해가 지도록 분을 품지 말고 마귀에게 틈을 주지 말라" (에베소서 4:17~27).

기도: "성령님, 제가 저의 죄를 회개할 수 있도록 도와주세요. 제가 회개하지 않은 어떤 것이 있다면, 제발 회개할 수 있게 도와 주시고, 같은 실수를 하지 않도록 해 주세요. 예수 그리스도의 피로 저를 속죄하시고, 순수한 마음을 갖도록 저를 축복해 주세요. 제가 주님을 기쁘시게 할 수 있도록 선과 악을 구별할 수 있는 지혜, 지식, 그리

고 이해력을 가질 수 있도록 도와 주세요. 예수님의 이름으로 기도 드립니다. 아멘."

6. 당신이 성장할 수 있는 교회를 찾아라.

당신이 크리스천이 되었을 때, 영적인 성장에 보살핌과 양육이 필요한 어린아이와 같은 상태이다.

"그런즉 누구든지 그리스도 안에 있으면 새로운 피조물이라 이전 것은 지나갔으니 보라 새 것이 되었도다" (고린도후서 5:17).

영적으로 성장하기 위해서는 당신이 믿음 안에서 성장하는 것을 도울 수 있는 영적 멘토가 있는 교회를 찾아야 한다. 당신을 잘못된 길로 유도할 수 있는 불신앙적인 사람들로부터 멀리하라.

7. 당신이 여전히 고통을 당한다고 해도 용기를 잃지 말라.

영적 공격으로부터의 치유는 오랜 시간이 걸릴 수도 있다. 그것은 가끔 당신이 여행의 어떤 지점에 있느냐에 따라 다르기도 하다. 영적인 자유를 얻으려면 하나님의 말씀에 순종하는 삶을 살려고 노력해야 한다. 그래야 마귀에게 공격할 틈을 주지않게 된다. 우리의 사고와 삶의 방식을 바꾸는 것은 상당히 긴 과정을 요하므로 치유에 시간이 걸릴 수 있다.

영적 공격에서 자유로워지고 악몽과 고통에서 치유를 받는데 나도 많은 시간이 필요했다. 그 이유는 내가 좌절, 두려움, 화, 증오, 걱정과 같은 죄로 인해서 사탄에게 문을 열어 주었기 때문이었다. 또 시간이 더 오래 걸린 이유는 그 당시에 아버지의 술중독과 폭행으로 고통과 아픔의 환경에서 살았었기 때문이었다. 하지만 하나님은 결국 나를 그 상황에서 나오게 하셨고, 나를 평안과 기쁨으로 채우셨다.

예수님은 당신을 고치실 수 있다. 성경을 읽고 기도하는 것을 통해서 예수님에 대한 믿음을 세우는 것에 힘쓰라. 만약 당신이 사탄의 압박으로부터 자유함을 기도하고 있다면, 당신이 주님 안에서 강해질 때 그것을 극복할 수 있을 것이다.

예수님은 일곱 귀신이 든 마리아라는 여인도 고치셨다. "또한 악귀를 쫓아내심과 병 고침을 받은 어떤 여자들 곧 일곱 귀신이 나간 자 막달라인이라 하는 마리아와"(누가복음 8:2).

마리아는 독실한 신자가 되었고, 예수님의 부활을 처음으로 본 자가 되었다. "예수께서 안식 후 첫날 이른 아침에 살아나신 후 전에 일곱 귀신을 쫓아내어 주신 막달라 마리아에게 먼저 보이시니 마리아가 가서 예수와 함께 하던 사람들이 슬퍼하며 울고 있는 중에 이 일을 알리매"(마가복음 16:9~10).

8. 아픔과 고통으로부터 치유함을 받은 후에도 영적 전쟁은 끝난 것이 아니라는 것을 인지하라.

사람은 죽기 전까지 영적 공격으로부터 제외될 수 없다. 그것은 믿음을 가지고 경건한 삶을 사는 이들에게도 일어난다. 심지어 당신이 선한 일을 하려고 할 때에도 사탄은 당신을 공격할 것이다. 또한 하나님이 당신을 위한 목적과 계획들에 대해서 당신을 불신적이며 무익하고 파괴적이 되도록 유도하려고 할 것이다.

우리가 영적 공격을 두려워할 필요는 없으나, 사탄이 우리의 영적인 성장을 방해하려고 한다는 사실을 잊지 말아야 한다. 영적 전쟁에서 승리하기 위해서 주님을 따르고 섬겨라. 그러면 당신은 이미 승리했음을 알게 될 것이다. 베드로가 제시한 근면, 사탄에 대적하기, 믿음으로 굳건히 서기를 통해서 당신은 전쟁에서 승리하고, 아픔과 고통으로부터 해방될 것이다.

9. 옳은 길을 따라 계속해서 걸어라.

당신이 사탄의 공격으로부터 자유로워 진 후에도 계속해서 옳은 길을 걸어라. 예수님은 어떻게 한 사람이 정죄되고, 그 후에 일곱 사탄이 돌아와 전보다 상황이 더 악화되었는지를 말씀하셨다.

"더러운 귀신이 사람에게서 나갔을 때에 물 없는 곳으로 다니며 쉬기를 구하되 쉴 곳을 얻지 못하고 이에 이르되 내가 나온 내 집으로 돌아가리라 하고 와 보니 그 집이 비고 청소되고 수리되었거늘 이에 가서 저보다 더 악한 귀신 일곱을 데리고 들어가서 거하니 그 사람의 나중 형편이 전보다 더욱 심하게 되느니라 이 악한 세대가 또한 이렇게 되리라" (마태복음 12:43~45).

이것은 사탄의 공격에서 자유함을 얻었으나 다시 죄악의 삶으로 돌아간 이들에 대한 경고이다. 예수님은 사람들을 치유하실 수 있다. 하지만 그 사람이 계속해서 죄악으로 살고, 회개하고 변화되지 않으면, 그것이 또 다른 종류의 사탄을 불러들일 것이다. 사람들이 하나님께로 돌아가 회개할 때, 사탄은 여전히 하나님이 그들을 용서하시지 않을 것이라며 그들을 공격할 것이다.

이 모든 죄책감과 수치심은 사탄이 우리가 주님의 용서하심에 집중하는 것이 아니라 실패와 약함에 집중하게 함으로 사람들을 낙심하게 만들려는 사탄의 시도인 것이다. 예수님은 당신이 어떤 짓을 저질렀건 용서를 구할 때 당신을 용서하실 것이며, 당신이 다시 평안을 찾을 수 있도록 도우실 것이다. 하나님에 대한 사랑을 잘 간직하고, 거룩한 삶을 살아가기 위해서 주님께 순종하라. 그러면 주님께서 당신안에 거하시는 성령님의 능력을 통해서 사탄과 싸울 수 있는 힘을 주실 것이다. 당신이 사탄의 공격으로부터 자유로워질 때, 당신은 회복된 평안과 기쁨을 회복할 것이다.

10. 사탄의 일을 하는 사람들을 피하라.

내가 한국을 방문했을 때, 택시기사와 흥미로운 이야기를 나누었다. 그는 점쟁이가 자기 택시를 부르면, 그는 승차를 거부한다고 말했다.

"모든 내 친구들이 점쟁이를 태웠을 때, 그들은 택시사업을 접고 점쟁이가 되었어요. 점쟁이가 된 친구들의 가정이 피폐해졌으며, 점쟁이가 된 사람들은 사탄에게 점유되어 정상적인 삶을 살 수 없다는 것을 보아서 알고 있기 때문이지요."

당신과 관련이 있는 사람들을 유심히 살펴볼 필요가 있다. 만약 당신이 하나님을 모르고 악령들과 일하는 사람들과 많은 시간을 보낸다면, 그들과 같이 있는 악령의 영향을 받을 수 있다. 우리는 다른 이들과의 만남에서 모든 상황을 피할 수는 없다. 하지만 우리가 선택할 수 있을 때에는 그런 사람들은 피해야만 한다.

만약 당신이 하나님을 경외하지 않거나 죄악의 삶을 사는 이들과 가깝다면, 당신은 그들을 조정하는 영에 의해서 영향을 받을 수 있다. 슬픈 사실은 많은 이들이 사탄의 영에 의해 억압을 받으면서도 그 사실을 이해하지 못해서 그것들로부터 자유함을 얻을 수 없다는 것이다. 점쟁이의 지식이 어디에서 온 것인가? 그것은 사탄으로부터 온 것이다.

바울은 점쟁이였던 한 소녀로부터 곤경을 받았고, 그는 사탄을 꾸짖어 그 소녀에게서 나오게 했고 그녀는 미래를 보는 능력을 잃게 되었다.

"우리가 기도하는 곳에 가다가 점치는 귀신 들린 여종 하나를 만나니 점으로 그 주인들에게 큰 이익을 주는 자라 그가 바울과 우리를 따라와 소리 질러 이르되 이 사람들은 지극히 높은 하나님의 종으로서 구원의 길을 너희에게 전하는 자라 하며 이같이 여러 날을 하는지라 바울이 심히 괴로워하여 돌이켜 그 귀신에게 이르되 예수 그리스도의 이름으로 내가 네게 명하노니 그에게서 나오라 하니 귀신이 즉시 나오니라" (사도행전 16:16~18).

11. 다른 이들을 도울 수 있도록 간증을 나누라.

많은 이들이 사탄의 간계와 그 괴롭히는 방법을 몰라서 고통을 겪는다. 다른 사람들에게 하나님이 어떻게 당신을 영적 공격으로부터 자유롭게 하셨는지를 말하고 다른 사람들을 도와 줄수 있다. 예수님께서 귀신들렸던 사람을 고치시고 주님께서 어떻게 그를 치유하셨는가를 전하라고 말씀하셨다. "예수께서 배에 오르실 때에 귀신 들렸던 사람이 함께 있기를 간구하였으나 허락하지 아니하시고 그에게 이르시되 집으로 돌아가 주께서 네게 어떻게 큰 일을 행하사 너를 불쌍히 여기신 것을 네 가족에게 알리라 하시니 그가 가서 예수께서 자기에게 어떻게 큰 일 행하셨는지를 데가볼리에 전파하니 모든 사람이 놀랍게 여기더라" (마가복음 5:18~20).

요한계시록이 우리에게 가르치는 두가지는 어떻게 예수님의 피로써 영적 전쟁에서 이기는지와 그것에 대한 우리의 간증이다. 예수께서 우리 죄를 위하여 십자가에 피를 흘리셨기에 우리는 용서함을 받고, 하나님과 화목하게 되었다. 또한 우리 삶 가운데 하나님께서 임재하신 것을 나눔으로써 우리는 영적으로 더욱 더 성장할 수 있다. 그것은 사탄의 공격으로부터 어떻게 자신을 지킬 것인지를 배우는 것을 돕고, 사람들이 상처를 입지 않도록 대비하는 방법을 가르쳐준다. "또 우리 형제들이 어린 양의 피와 자기들이 증언하는 말씀으로써 그를 이겼으니 그들은 죽기까지 자기들의 생명을 아끼지 아니하였도다" (요한계시록 12:11).

당신은 우리의 죄를 위해서 돌아가신 예수님에 대한 메세지를 나눔으로써 하나님의 평안과 기쁨을 다른 이들이 누리도록 도울 수 있다.

기도: "성령님, 제가 주님의 도우심과 어떻게 그리스도 안에서 자유함을 얻었는지에 대한 간증을 나눌 수 있도록 인도해 주세요. 하나님의 사랑과 열정으로 다른 이들을 도울 수 있도록 다른 이들의 아픔을 이해할 수 있게 도와주세요."

12. 술과 마약을 피하라.

술, 마약, 심지어 처방전을 남용하는 사람들은 영적 공격에 대한 문을 열어둔 것과 마찬가지이다. 당신이 술과 마약의 영향 아래에 있을 때, 당신은 마음대로 자기자신을 조정할 수 없다.

바울은 "술 취하지 말라 이는 방탕한 것이니 오직 성령으로 충만함을 받으라" (에베소서 5:18)라고 말했다.

모든 상황에서 옳은 결정을 내릴 수 있도록 술과 마약을 멀리하라. 바울은 성령충만에 대해서 말한다. 성령으로 충만하게 되기 위해서는 예수님을 알고, 그분이 걸으신 길을 따르려는 자세가 필요하다. 예수님을 아는 것은 당신 삶에 있어서 성령님의 힘을 깨닫는 것이다. 성경을 읽고 기도하는 것으로 예수님을 알아 가도록 하라. 또한 당신의 은사로 예수님을 섬기며, 모든 상황에서 주님께 순종하고, 믿음의 삶을 살아라.

결론

우리는 사탄의 공격을 두려워할 필요가 없다. 하나님은 더 강력하시며, 천사들이 우리를 보호하기 위해서 대기중이다. 우리 모두는 사람들을 어둠에서 건지라는 사명을 받았고, 영적 전쟁에 대한 지식은 전투를 준비하는 한 방법이다. 이 방법을 통해서 당신은 전쟁을 인지하고, 전쟁이 시작될 때 승리를 위해 싸울 수 있다. 우리가 영적 전쟁 중일 때, 천사가 우리를 위해 함께 싸운다는 사실을 기억할 필요가 있다.

다니엘이 기도할 때, 영적 전쟁이 일어났고, 천사가 승리했다. 우리의 전쟁이 또한 하나님의 전쟁임을 기억하라. 아래는 성경말씀이 영적 전쟁에 관해서 말하고 있는 내용이다. "그가 내게 이르되 다니엘아 두려워하지 말라 네가 깨달으려 하여 네 하나님 앞에 스스로 겸비하게 하기로 결심하던 첫날부터 네 말이 응답 받았으므로 내가 네 말로 말미암아 왔느니라. 그런데 바사 왕국의 군주가 이십일일 동안 나를 막았으므로 내가 거기 바사 왕국의 왕들과 함께 머물러 있더니 가장 높은 군주 중 하나인 미가엘이 와서 나를 도와 주므로 이제 내가 마지막 날에 네 백성이 당할 일을 네게 깨닫게 하러 왔노라 이는 이 환상이 오랜 후의 일임이라 하더라 그가 이런 말로 내게 이를 때에 내가 곧 얼굴을 땅에 향하고 말문이 막혔더니"(다니엘 10:12~15). 만약 당신이 악령으로부터 고통을 당하고 있다면, 사탄이 바로 떠나지 않더라도 낙심하지 말고 계속해서 기도하면 하나님이 자유롭게 해 주실 것이다.

7장
영적 치유함을 위한 기도와 묵상

1. 악몽

어떤 이들은 그들이 잠들었건 깨어있건 간에 악한 영들을 보고 느낄 수 있다. 무섭게 들리겠지만, 어떤 이들에게는 일어나는 일이다. 대부분의 악몽이 자연적인 것이 아니라 괴롭히는 영에 의해 생긴 것이다. 악령들은 잠잘 때나 깨어있을 때에도 사람들을 공격하고 질식하게 하려고 한다.

하나님의 도우심을 통해서 당신은 이 악한 영의 공격으로부터 자유로워질 수 있다. 만약 당신이 악몽으로 고통 당하고 있다면, 성경 읽기를 시작하고, 주기도문을 외워라. 평안을 찾을 때까지 계속해서 기도하라.

기도: "주 예수님, 전 당신이 저를 도우실 수 있는 힘이 있다는 것과 악몽으로부터 해방시켜 주실 수 있다는 것을 믿습니다. 당신의 권능으로 이 영적 싸움에서 이길 수 있도록 저에게 능력을 주세요. 저를 천사들로 둘러싸 주시고, 악한 영으로부터 밤낮으로 저를 지켜주세요. 만약 저에게 당신과 다른 이들에게 저지른 죄가 있다면 용서해 주세요. 만약 저에게 회개해야 할 어떤 것이 있다면, 제발 회개할 수 있도록 도와 주세요. 당신의 용서하심에 감사드립니다. 저에게 죄를 지은 모든 이들을 용서합니다. 제가 당신을 사랑하고, 당신께 헌신할 수 있도록 도와 주세

요. 내 가족, 친척, 그리고 당신을 모르는 모든 이들의 구원을 위해서 기도합니다. 예수님의 이름으로 기도드립니다. 아멘."

2. 괴롭히는 환상

모든 영적 환상이 나쁜 것은 아니다. 때로는 주님으로부터 온 것일 수 있다. 하나님은 우리에게 위로와 치유함을 주시기 위해서 우리가 사랑했던 죽은 이에 대한 영적 환상을 주실 수 있다. 하나님이 주시는 것은 항상 선하고 우리의 믿음이 자라도록 돕는다. 하나님은 죽은 이들을 보여 주셔서 사람들에게 두려움을 주거나 악몽을 주시지 않는다.

그러나 몇몇 사람들은 육체적 형상으로 죽은 이들을 보기도 한다. 이 현상은 그들이 자신을 미쳤다고 생각하는 고통을 불러온다. 그들은 미치지 않았다. 단지 그들은 다른 많은 이들에게 감춰진 영적 세상을 보고 듣는 것이다. 이것은 사람들에게 혼란을 주기 원하는 사탄에 의해서 유발된 것이다. 악한 영들은 자신을 죽은 사람으로 가장해서 어떤 이들에게 나타날 수 있다.

사람이 죽으면 그들의 영은 더이상 이 곳에 있지 않다. 예수님은 죽은 이들의 영이 있는 곳의 이야기를 하셨다. 누가복음 16:19~31에는 나사로와 부자의 이야기를 우리에게 들려 준다. 지옥의 고통을 당하고 있던 부자는 아브라함에게 부탁하여 형제들이 지옥에 떨어지지 않도록 경고하라고 부탁하였다. 이 요청은 받아들여지지 않았다.

하나님이 그런 이들과 의사소통하지 말라 하셨음으로 죽은 자들의 혼령과 말하는 사람들을 피하라.

"너희는 신접한 자와 박수를 믿지 말며 그들을 추종하여 스스로 더럽히지 말라 나는 너희 하나님 여호와이니라" (레위기 19:31). 악령들은 죽은 이로 가장하여 우리를 기만할 수 있다. 만약 그런 일이 일어나 당신이 두렵다면, "예수님의 이름으로 명하노니 나에게서 떠나가라"라고 말하며 그 영을 쫓아라.

기도: "주 예수님, 전 당신을 믿습니다. 혼란함을 주는 영들로부터 저를 보호하시고, 천사들로 둘러싸 주세요. 당신을 사랑하고 섬길 수 있도록 도와 주세요. 당신만이 주실 수 있는 평안으로 저를 축복해 주세요. 아멘."

3. 상처를 주는 음성

많은 이들이 그들의 마음에 들려오는 부정적이고 파괴적인 음성과 생각들로부터 고통을 당한다. 몇몇은 심지어 귀로 들을 수도 있다. 당신은 어떻게 이 파괴적, 부정적이며 상처를 주는 음성들을 다루는가? 먼저 당신은 이 음성들이 어디에서 오는 것인지를 알아야 한다.

사람들이 그들의 마음에 음성을 들을 때, 많은 이들은 그것이 자신의 음성 혹은 생각이라고 여긴다. 하지만 그건 항상 옳은 것이 아니다. 사람들이 그들의 마음으로 듣는 네가지의 음성들이 있다.

- 우리 자신의 음성
- 다른 사람의 음성
- 악한 음성 (사탄의 음성
- 선한 음성 (하나님의 음성)

다른 사람들의 음성은 과거로부터 우리가 기억하는 무엇일 수도 있고, 그것은 선할 수도 있고, 악할 수도 있다. 우리 자신의 음성은 우리 자신의 생각인데 이것 또한 선할 수도, 악할 수도 있다. 우리는 어떤 음성을 택할 지에 대한 자유를 가지고 있다. 그것은 우리가 사는 방법과 생각하는 방식을 결정한다. 우리가 악한 음성을 받아 들이면 우리는 죄악에 빠지며 평안이 없으며 고통을 겪게 된다. 그러나 우리가 하나님의 선한 음성을 받아들이고 순종하면 평안과 위로와 치유함을 얻을 수 있다.

당신이 생각하기에 사탄이 어디를 먼저 공격할 것 같은가? 대다수의 경우 우리가 부정적, 파괴적, 그리고 죄악적 생각과 음성에 의해 공격을 당하는 곳은 우리 마음이다. 당신은 그런 잘못된 생각이나 음성이 마음에 들릴 때 예수님의 이름으로 책망하고 대항해야 한다. 하나님의 말씀으로 싸우며 죄에 빠지지 않는 헌신의 삶을 살도록 하라.

우울증과 자살충동으로부터 고통을 당한 사람들과 이야기를 나누었을 때, 그들은 자신이 얼마나 나쁘며, 가치가 없는지를 말하는 많은 악한 음성들을 들었다고 나에게 말했다. 때로는 그 악한 음성들이 그들 자신과 다른 이들을 상처 입힐 수 있는 방법까지 말해 준다고 했다.

"근신하라 깨어라 너희 대적 마귀가 우는 사자 같이 두루 다니며 삼킬 자를 찾나니 너희는 믿음을 굳건하게 하여 그를 대적하라 이는 세상에 있는 너희 형제들도 동일한 고난을 당하는 줄 앎이라 모든 은혜의 하나님 곧 그리스도 안에서 너희를 부르사 자기의 영원한 영광에 들어가게 하신 이가 잠깐 고난을 당한 너희를 친히 온전하게 하시며 굳건하게 하시며 강하게 하시며 터를 견고하게 하시리라 권능이 세세무궁하도록 그에게 있을 지어다 아멘" (베드로전서 5:8~11).

기도: "주 예수님, 제가 분별력을 가질 수 있도록 제발 도와 주세요. 어떤 것이 선한 음성이고 어떤 것이 악한 음성인지를 알아서 성령님의 음성을 따를 수 있도록 도와 주세요. 지혜와 인도하심을 간구합니다. 그리고 잘못된 음성에 저항할 수 있도록 도와 주세요. 아멘."

만약 당신이 사탄숭배에 연관이 되었다가 하나님께 돌아 왔지만 여전히 하나님이 당신을 용서하시지 않을 것이란 파괴적 음성에 고통을 당한다면, 하나님이 이미 당신을 용서하셨음을 깨달아라. 당신을 향한 하나님의 사랑을 과소평가하는 그 어떤 음성도 믿지 말라. 다음의 성경말씀을 마음에 새겨서 하나님의 위로가 필요할 때마다 묵상하라.

"주의 성령이 내게 임하셨으니 이는 가난한 자에게 복음을 전하게 하시려고 내게 기름을 부으시고 나를 보내사 포로 된 자에게 자유를, 눈 먼 자에게 다시 보게 함을 전파하며 눌린 자를 자유롭게 하고. 주의 은혜의 해를 전파하게 하려 하심이라" (누가복음 4:18~19). 다음은 치유함을 받기 위해 하나님께 돌아오기를 원하는 사람들을 위한 기도이다.

기도: "예수님, 저의 삶에 있어서 주님되시고 구원자되시는 당신을 영접합니다. 저의 모든 죄를 용서하시고 깨끗하게 해 주세요. 저의 죄를 위해 흘리신 십자가 피의 힘을 믿습니다. 성령으로 축복해 주시고, 하나님의 전신갑주를 입혀 주세요. 사탄의 거짓말과 공격에서 보호할 천사들에 둘러싸이게 해 주세요. 저를 용서하기 위해서 흘리신 십자가의 보혈의 능력을 알게 해 주세요. 당신의 용서하심에 감사드립니다. 주님의 힘으로 이 영적 전쟁에서 승리할 수 있도록 도와 주세요. 제가 성경을 이해할 수 있도록 저를 지혜와 분별력으로 축복해 주세요. 예수님의 이름으로 기도드립니다."

부록

 "하나님이 세상을 이처럼 사랑하사 독생자를 주셨으니 이는 그를 믿는 자마다 멸망하지 않고 영생을 얻게 하려 하심이라" (요한복음 3:16).

<예수님께로 초대>

여러분은 삶이 너무 어렵고, 고통스러우며, 무의미하다는 생각을 한 번이라도 해보셨습니까?
사실 인간의 삶이 그렇습니다. 우리가 예수님을 마음에 영접하고 그분의 사랑을 이해하며 하나님께 용서를 받고 주님을 위해서 살려고 하기 전까지는 우리의 마음에 참된 평안이나 기쁨을 맛볼 수가 없습니다. 예수님을 믿고 그분의 사랑을 맛보고 어려운 삶 가운데에도 하나님을 위해서 복음을 전하는 사람이 되라고 권고하고 싶습니다.
　예수님께서는 우리를 위해서 십자가에 죽으시고 부활하셔서 우리를 위해 기도하고 계십니다. 예수님을 아직도 영접하지 않으셨다면 이 시간에 기도로 그분을 영접하시고 구원을 받으십시오.

"예수님, 저는 죄인입니다. 저는 이 시간 주님을 영접하기 원합니다. 저에게 오셔서 저의 모든 죄를 용서하시고 저의 삶을 주관하시고 성령님의 인도하심으로 복음을 전할 수 있는 주님의 제자가 되기 원합니다. 제 마음의 모든 상처도 치유해 주시고 주님의 평안과 기쁨을 저에게 주시옵소서. 예수님의 이름으로 기도드립니다. 아멘."

　교회를 안 다니신다면 믿음의 성도들과 교제할 수 있고 성경을 잘 가르치는 교회를 찾으시길 바랍니다.
성경을 매일 읽으시고 기도하시며 주님을 알려고 노력하십시오. 어떤 성경을 읽어야 좋을지 모르신다면 신약 복음서 (마태, 마가, 누가, 요한)를 읽고 예수님이 누구신지를 배우시기 바랍니다. 예수님의 사랑을 이해하고 예수님과 더 가까운 관계를 가지시려면 그분을 성경을 통해서 아는 것이 매우 중요합니다.

마음이 아플 때는 예수님께 상처를 치유해 달라고 기도하시고 또 어려움이 있을 때는 찬송을 부르며 주님에게서 위로를 받으며 승리하는 삶이 되시기를 바랍니다. 이 세상이 아무리 험하고 어려워도 주님께서 도와주시면 승리하시는 삶을 살 수 있습니다. 주님을 위해서 살며 열매 맺는 삶을 살아야겠다는 목표를 가지고 사시기를 바라며 또 영적 성장을 위해서 기도 하시기를 바랍니다.

"예수님, 저에게 당신의 지혜를 주셔서 성경을 이해할 수 있게 해주시고 아직 용서 못한 사람이 있다면 다 용서할 수 있도록 당신의 사랑을 저의 마음에 부어주세요. 어떻게 살아야 하나님께 영광을 돌릴 수 있는지도 가르쳐 주시고 저에게 주님을 가르쳐 줄 수 있는 당신의 제자들도 만날 수 있게 도와주세요. 주님께서 저의 죄를 대속해서 십자가에 돌아가신 사랑도 더 알 수 있도록 저의 마음의 문을 열어주세요. 성령님, 저의 하루하루를 하나님께로 인도해 주시고 당신의 뜻에 순종 할 수 있게 도와 주세요. 예수님의 이름으로 기도드립니다. 아멘."

"영접하는 자 곧 그 이름을 믿는 자들에게는 하나님의 자녀가 되는 권세를 주셨으니" (요한복음 1:12).
"그러므로 이제 그리스도 예수 안에 있는 자에게는 결코 정죄함이 없나니 이는 그리스도 예수 안에 있는 생명의 성령의 법이 죄와 사망의 법에서 너를 해방하였음이라" (로마서 8:1).

변화 프로젝트
(Transformation Project Prison Ministry)

2005년에 설립된 변화 프로젝트는 감옥 문서 선교 비영리단체로서 17만권도 넘는 책들과 비디오들이 미국 전역으로 교도소, 형무소 그리고 노숙자 보호소에 목사들을 통해서 무료로 배포되고 있습니다. 아담스 카운티 교도소 수감자들의 신앙간증을 엮은 책이 영어로 6권, 스페인어로 2권이 출판 되었고, 비디오 영화가 4편이 제작되었습니다. 변화 프로젝트는 예수님의 복음을 땅끝까지 전하여 영혼 구원과 영적 성장을 초점으로 하는 소망의 문서 선교입니다.

  변화 프로젝트를 후원하기 원하시는 분들은 수표를 Transformation Project Prison Ministry로 쓰시고 아래 주소로 보내주시면 됩니다.
    Transformation Project Prison Ministry
    5209 Mountview Blvd., Denver, CO 80207
홈페이지:www.maximumsaints.org
이메일: tppm.ministry@gmail.com
      yonghui.mcdonald@gmail.com

2013년에 한국에서 변화 프로젝트가 설립되었습니다.
한국 연락처: 이 본 목사, 변화 프로젝트 부장
    하늘문교회, 인천시 남동구 구월3동
    1388-15, 우편번호 405-840
Cell: 010-2210-2504, 교회전화: 070-8278-2504
이메일: leeborn777@hanmail.net
홈페이지: http//blog.daum.net/hanulmoon24

하늘문선교회

하늘문선교회는 지극히 작은자에게 사랑과 소망의 가교 역할을 합니다. 미국에서 추방된 교포형제, 자매들, 미국 교도소에서 이송된 형제, 혹은 추방자, 교도소접견, 교도소집회간증, 문서 선교를 통한 신앙치유 사역을 하고 있습니다.

　후원계좌: 국민은행 048-401-04-062403
　　　　　＜예금주 이 본＞
이 본 목사, 하늘문선교회 회장
인천시 남동구 구월3동 1388-15, 우편번호 405-840
Cell: 010-2210-2504, 교회전화: 070-8278-2504
이메일: leeborn777@hanmail.net
홈페이지: http//blog.daum.net/hanulmoon24
홈페이지: http//blog.daum.net/leeborn777

재향 군인회 재단
(Veterans Twofish Foundation)

2011년 재향 군인회라는 비영리단체가 설립되어서 군인들과 군인 가족들의 신앙간증 책을 출판하여 미국 전역으로 교도소, 형무소, 노숙자 보호소 그리고 군인들에게 목사님들을 통해서 무료로 배포되고 있습니다. 재향 군인회를 후원하기 원하시는 분들은 수표를 Veterans Twofish Foundation으로 쓰시고 아래 주소로 보내주시면 됩니다.
홈페이지: veteranstwofish.org

Veterans Twofish Foundation
P.O. Box 220
Brighton, CO 80601

저자소개

-이영희-
(Yong Hui V. McDonald also known as Vescinda McDonald)
- 수원장로교 신학교 졸업 (1979년)
- Multnomah University, Portland, Oregon 졸업 (1984년 못노마 대학, 오레건주 학사학위 이수)
- Iliff School of Theology, Denver, Colorado, Master of Divinity 졸업 (2002년 아일맆 연합감리교 신학대학원, 석사 학위 이수)
- Asbury Theological Seminary, Doctor of Ministry student (애즈베리 신학대학원, 박사학위 과정)
- Denver Women's Correctional Facility Intern Chaplain (2000~2001년) (덴버 여자 감옥 목회자 인턴쉽)
- Iliff Student Senate and Prison Ministry Coordinator (1999~2002년) (사회활동 위원회에서 활동하였으며, 감옥 선교를 시작함)
- Smoky Hill United Methodist Church (2001~2002년) (한인연합감리교회 목사 인턴쉽)
- Memorial Hospital, Colorado Springs, Colorado, Chaplain Intern Ship (2002년) (병원 목사 인턴쉽)
- St. Joseph Hospital, Denver, Colorado (2002년~현재 병원에서 목사로 재직)
- Adams County Detention Facility Chaplain, Brighton, Colorado (2003~현재 아담스카운티 교도소에서 목사로 재직)
- 2005년 감옥 문서 선교 비영리단체를 설립함. 변화 프로젝트 (Transformation Project Prison Ministry)를 설립하여 책들과 비디오들이 미국 전역에 교도소, 형무

소 그리고 노숙자 보호소에 목사들을 통하여 무료로 배포하고 있습니다. 아담스 카운티 교도소 재소자들의 신앙간증을 엮은 책이 영어로 6권, 스페인어로 2권이 출판 되었고, 비디오 영화가 4편이 제작되었습니다.
- 2008년 남편이 교통사고로 소천한 후 하나님의 치유를 경험하고 상처 받고 슬퍼하는 사람들의 영적, 정신적인 치유를 돕는 문서 선교 (Griefpathway Ventures LLC)를 2010년에 설립하여 그에 관한 책들이 영어와 스페인어 또 한국어로 출판 되었습니다.
홈페이지: www.griefpathway.com
- 2011년 군인들과 군인 가족들의 신앙간증을 발행하는 재향 군인회 재단 (Veterans Twofish Foundation)라는 비영리단체를 설립하였습니다. 군인들과 군인 가족들의 신앙간증을 출판하고 미 전역으로 교도소, 형무소 그리고 노숙자 보호소에 목사들을 통해서 무료로 배포하고 있습니다.

About The Author

Yong Hui V. McDonald, also known as Vescinda McDonald, is a United Methodist minister, chaplain at Adams County Detention Facility (ACDF) in Brighton, Colorado. She is a certified American Correctional Chaplain, spiritual director and on-call hospital chaplain.

She is the founder of the following:
- Transformation Project Prison Ministry (TPPM), a 501(c)(3) non-profit, in 2005. TPPM produces Maximum Saints books and DVDs of ACDF saints stories of transformation and they are distributed freely to prisons, and homeless shelters.
- GriefPathway Ventures LLC, in 2010, to produce books, DVDs, and audio books to help others to process grief and healing.
- Veterans Twofish Foundation, a 501(c)(3) non-profit, in 2011, to reach out to produce books written by veterans and veterans' families to reach out to other veterans and their families.

Education:
- Suwon Presbyterian Seminary, Christian Education (1976~1979)
- Multnomah University, B.A.B.E. (1980~1984)
- Iliff School of Theology, Master of Divinity (1999~2002)
- Asbury Theological Seminary, Doctor of Ministry student.

Books and Audio Books by Yong Hui:

- *Journey With Jesus, Visions, Dreams, Meditations & Reflections*
- *Dancing In The Sky, A Story of Hope for Grieving Hearts*
- *Twisted Logic, The Shadow of Suicide*
- *Twisted Logic, The Window of Depression*
- *Dreams & Interpretations, Healing from Nightmares*
- *I Was The Mountain, In Search of Faith & Revival*
- *The Ultimate Parenting Guide, How to Enjoy Peaceful Parenting and Joyful Children*
- *Prisoners Victory Parade, Extraordinary Stories of Maximum Saints & Former Prisoners*
- *Four Voices, How They Affect Our Mind: How to Overcome Self-Destructive Voices and Hear the Nurturing Voice of God*
- *Tornadoes, Grief, Loss, Trauma, and PTSD: Tornadoes, Lessons and Teachings—The TLT Model for Healing*
- *Prayer and Meditations, 12 Prayer Projects for Spiritual Growth and Healing*
- *Invisible Counselor, Amazing Stories of the Holy Spirit*
- *Tornadoes of Accidents, Finding Peace in Tragic Accidents*
- *Tornadoes of Spiritual Warfare, How to Recognize & Defend Yourself From Negative Forces*
- *Lost but not Forgotten, Life Behind Prison Walls*
- *Loving God, 100 Daily Meditations and Prayers*
- *Journey With Jesus Two, Silent Prayer and Meditations*

- *Women Who Lead, Stories about Women Who Are Making a Difference*
- *Loving God Volume 2, 100 Daily Meditations and Prayers*
- *Journey With Jesus Three, How to Avoid the Pitfalls of Spiritual Leadership*
- Complied and published *Tornadoes of War, Inspirational Stories of Veterans and Veteran's Families* under the Veterans Twofish Foundation.
- Compiled and published five *Maximum Saints* books under the Transformation Project Prison Ministry.

DVDs produced:
- *Dancing In The Sky, Mismatched Shoes*
- *Tears of The Dragonfly, Suicide and Suicide Prevention (Audio CD* is also available*)*

Spanish books:
- *Twisted Logic, The Shadow of Suicide*
- *Journey With Jesus, Visions, Dreams, Meditations and Reflections*

Korean books (한국어로 번역된 책들):
- 『예수님과 걷는 길, 비전, 꿈, 묵상과 회상』 (*Journey With Jesus, Visions, Dreams, Meditations & Reflections*)
- 『치유, 사랑하는 이들을 잃은 사람들을 위하여』 (*Dancing In The Sky, A Story of Hope for Grieving Hearts*)

- 『꿈과 해석, 악몽으로부터 치유를 위하여』
  (*Dreams & Interpretations, Healing from Nightmares*)
- 『나는 산이었다, 믿음과 영적 부흥을 찾아서』
  (*I Was The Mountain, In Search of Faith & Revival*)
- 『하나님의 치유를 구하라, 자살의 돌풍에서 치유를 위하여』
  (*Twisted Logic, The Shadow of Suicide*)
- 『승리의 행진, 미국 교도소와 문서 선교 회상록』
  (*Prisoners Victory Parade, Extraordinary Stories of Maximum Saints & Former Prisoners*)
- 『네가지 음성, 악한 음성을 저지하고 하나님의 음성을 듣는 영적훈련』 (Four *Voices, How They Affect Our Mind*)
- 『영적 전쟁에서의 승리의 길』 (*Tornadoes of Spiritual Warfare, How to Recognize & Defend Yourself From Negative Forces*)
- 『하나님 사랑합니다, 100일 묵상과 기도』 (*Loving God, 100 Daily Meditations and Prayers*)
- 『예수님과 걷는 길 2편, 비전, 꿈, 묵상과 회상』 (*Journey With Jesus, Silent Prayer and Meditations*)
- 『우울증과 영적 치유의 길』
  (*Twisted Logic, The Window of Depression*)

그린이 소개

-박영득-

박영득 (Holly Weipz)은 콜로라도 주 브라이튼시에 있는 성 어거스틴교회를 섬기고 있으며 특히 성체조배와 그림, 일러스트레이터를 통하여 주님께 영광을 드리는 자원봉사자 입니다.

Holly Weipz, a resident of Brighton Colorado, is a participant of the City of Brighton's Artist on Eye of Art Program. She is a member of St. Augustine Catholic Church and enjoys drawing and painting.

역자 소개

-박연수 (Yun soo Park)-

한국외국어 대학교 무역학과
이수건설 주택사업팀
Songs Elite Martial Arts Academy
방과후 교육 프로그램 실장
Fellowship Church/휄로쉽교회 섬김

역자 소개

-이규민 (kyu Min Lee)-

콜로라도주에 있는 북부장로교회를 섬김
Colorado University in Pueblo 졸업

Made in the USA
San Bernardino, CA
30 May 2015